Les grandes entrevues
Pierre Maisonneuve

Claude Castonguay

Un artisan du Québec moderne

NOVALIS

Cette grande entrevue de Pierre Maisonneuve avec **Claude Castonguay** est publiée par Novalis.

Direction de la collection: Pierre Maisonneuve

Direction littéraire: Josée Latulippe

Éditique: Gilles Lépine

Couverture: Katherine Sapon

Photographies: Laforest et Sabourin, couverture; A. Fleury, p. 44; W.B. Edwards, p. 85; Jacques Nadeau, p. 157; J. Latulippe, p. 8, 170.

Dépôts légaux: 3e trimestre 1998
Bibliothèque nationale du Canada
Bibliothèque nationale du Québec

Novalis, C.P. 990, Outremont (Québec) H2V 4S7

ISBN: 2-89088-993-9

Imprimé au Canada

Données de catalogage avant publication (Canada)

Castonguay, Claude, 1929-

Claude Castonguay : un artisan du Québec moderne

(Les grandes entrevues Pierre Maisonneuve)

ISBN 2-89088-993-9

1. Castonguay, Claude, 1929- - Entretiens. 2. Assurance-maladie - Québec (Province) - Histoire. 3. Régimes de retraite - Québec (Province) - Histoire. 4. Groupe La Laurentienne. 5. Ministres - Québec (Province) - Entretiens. 6. Chefs d'entreprise - Québec (Province) - Entretiens. I. Maisonneuve, Pierre, 1942- . II. Titre. III. Collection.

FC2925.1.C37A5 1998 971.4'04'092 C98-941328-4
F1053.25.C37A5 1998

NOVALIS

Présentation

Mon père n'a que 45 ans quand il est frappé d'un premier malaise cardiaque. Après quelques heures, le médecin à l'urgence de l'hôpital le renvoie à la maison, lui conseillant un repos complet pour au moins un mois et lui demandant de revenir pour d'autres examens. Une semaine plus tard, de peine et de misère, il est de retour au travail.

Nous sommes en 1953. Il n'a pas d'argent. Son métier de menuisier-charpentier lui permet à peine de nourrir sa famille de huit enfants.

J'ai dix ans. Je suis assez vieux pour comprendre qu'il est épuisé après une journée de travail. Sans assurance privée, sans Régime des rentes du Québec, il doit continuer de travailler ainsi pendant une quinzaine d'années avant de mourir d'une crise cardiaque. Il n'a pas soixante ans.

Un autre souvenir!

1967, l'année de la grande exposition universelle de Montréal.

La salle du pavillon Sainte-Vierge à l'Hôtel-Dieu de Montréal compte au moins quinze lits tassés les uns sur les autres. On y reçoit les malades qui n'ont pas les moyens de payer pour leur hospitalisation. Près de ma mère qui vient de se réveiller après une importante intervention chirurgicale, une femme agonise sous le regard des autres malades dans le va-et-vient incessant du personnel.

En quittant le chevet de ma mère, je fais un détour par le pavillon LeRoyer pour me rendre auprès d'une amie hospitalisée. Je la retrouve dans une chambre privée; sur sa table de chevet, de la porcelaine. Ici, tout est calme. On protège le repos de la malade. Mon amie profite de l'autre médecine: celle des riches.

Dernier souvenir.

Printemps 1991.

J'ai 48 ans. Victime d'une angine instable, je me retrouve à l'urgence de l'hôpital du Sacré-Cœur de Montréal. Le cardiologue m'examine. Il prescrit une coronarographie pour le lendemain. On découvre un blocage presque complet d'une des trois artères de mon cœur. Je me retrouve, un peu plus tard, en salle d'opération pour une angioplastie. On me conduit ensuite dans une chambre avec un autre malade; il ne me vient même pas à l'idée de lui demander son statut social ou sa capacité de payer, car nous avons droit au même traitement.

Face à la maladie, je n'ai pas les soucis financiers de mon père.

Entre 1953, 1967 et 1991, entre mon père, ma mère et moi, deux événements majeurs, qui ont changé le visage social du Québec: la création du Régime des rentes du Québec, qui assure au moins un minimum vital aux gens, et la naissance de l'assurance-maladie. Les salles communes de l'Hôtel-Dieu et des autres hôpitaux ont disparu.

Au cœur de ces deux grandes réformes sociales des années soixante, un homme parmi d'autres: Claude Castonguay. Il a laissé son nom à la carte-soleil, la «castonguette», qui nous ouvre encore les portes du système de santé. Reste à savoir pour combien de temps. Car bien des gens ont aujourd'hui la nostalgie d'une médecine à deux vitesses qui permettait à ceux qui en avaient les moyens de ne plus attendre, d'avoir priorité et surtout de ne pas côtoyer de trop près la misère des autres.

Claude Castonguay n'a pas agi seul, bien sûr, mais cet homme à la figure austère a joué un rôle déterminant dans ces deux grandes réformes. Pendant trois ans, il s'est même transformé en politicien pour mettre en œuvre ses réformes. Il a refusé une longue carrière politique, mais n'a jamais été loin des grands débats de la société québécoise, déchiré comme tant d'autres entre deux nationalismes, le canadien et le québécois. Il n'a pas caché ses doutes, que plusieurs ont identifiés à de l'indécision.

Retiré de la politique quotidienne, Claude Castonguay a réalisé ses ambitions professionnelles à la tête d'une entreprise créée dans la fièvre du nationalisme économique canadien-français des années trente, la compagnie d'assurances La Laurentienne, devenue sous sa gouverne le groupe financier La Laurentienne.

Derrière son apparente sévérité, derrière ses costumes de banquier, Claude Castonguay ne sourit presque jamais. Derrière les portes closes de sa vie privée qu'il protège jalousement, il cache une grande sensibilité.

Claude Castonguay est un homme de contrastes: actuaire, fonctionnaire, politicien, banquier, peintre! Quel est le fil conducteur de sa vie? Quels sont ses espoirs, ses doutes, ses valeurs profondes? Quel bilan trace-t-il de sa vie publique et privée? En semi-retraite, est-il heureux? Regrette-t-il d'avoir refusé la gloire politique en se retirant trop tôt? Aujourd'hui, s'accroche-t-il à l'intégrité de ses grandes réformes ou les remet-il en question comme tant d'autres?

Claude Castonguay a accepté de m'ouvrir sa porte, de m'accueillir dans l'intimité de sa maison et de répondre à toutes mes questions.

Pierre Maisonneuve
Montréal, le 3 avril 1998.

Introduction

Monsieur Castonguay, aviez-vous prévu que la carte d'assurance-maladie du Québec deviendrait, dans le langage populaire, la «castonguette»?

Évidemment, non! Mais cette appellation m'a toujours amusé. Cela montre qu'il y a chez les Québécois un certain humour. Je ne trouve pas ça méchant, au contraire.

Cette appellation dure encore aujourd'hui. Qu'avez-vous ressenti devant ce phénomène?

J'ai ressenti, je dois le dire, une satisfaction. C'était le signe d'une reconnaissance assez générale que notre travail — je dis «notre», parce que j'ai travaillé avec d'autres — donnait de bons résultats. En effet, si cela s'était avéré être un échec ou si les gens n'avaient pas apprécié ce que nous avons fait, la réaction n'aurait pas été de cette nature. Elle serait venue différemment.

Dans quelle mesure êtes-vous responsable de cette formule de carte de crédit?

En fait, l'idée même de la carte ne vient pas de moi. Mon rôle consistait à présider une commission d'enquête qui a dressé un bilan de la situation puis tracé les grandes orientations à prendre. Par la suite, j'ai fait le saut sur la scène politique dans le but de mettre en œuvre nos recommandations. Vous n'êtes pas sans savoir que bien des rapports de commissions ont pris le chemin des oubliettes...

À l'origine, c'est à la petite machine qui servait à faire l'impression de la carte qu'avait été donné le nom de «castonguette». Par la suite, le nom a été appliqué à la carte elle-même, la «carte-soleil». Ce sont les responsables de l'administration du régime qui ont pensé utiliser ce type de carte.

Nous aurons l'occasion d'y revenir plus en profondeur au cours de cet entretien, mais d'entrée de jeu, puisqu'on en parle tellement dans les débats politiques et publics, j'aimerais déjà vous demander: à votre avis, a-t-on abusé de cette carte de crédit illimité?

Oui, il m'apparaît assez clair qu'il y a eu des abus; les données l'indiquent et les témoignages le montrent aussi. Mais c'est un phénomène peut-être moins marqué que certains ont pu le croire. Nous l'avons vu encore récemment avec l'introduction de l'assurance-médicaments. Bien des gens pensaient qu'il y avait un grand nombre d'abus parmi les bénéficiaires d'aide sociale, par exemple. Mais l'imposition de frais modérateurs pour l'assurance-médicaments des personnes assistées sociales n'a pas modifié de façon significative la consommation. Celle-ci a changé un peu, mais pas tellement.

Il ne faut pas oublier que les soins médicaux spécialisés ou d'hospitalisation relèvent des médecins: les patients ne décident pas eux-mêmes d'être hospitalisés ou de subir des examens spécialisés; ils sont envoyés par les médecins omnipraticiens. S'il y a eu des abus engendrés par la gratuité du système, c'est davantage dans le domaine de la médecine générale, des soins courants. Et ce n'est pas uniquement parce qu'il n'y a pas de frais modérateurs. En effet, longtemps l'accent a été mis sur l'accessibilité: «Allez vite voir le médecin avant que votre état ne se détériore.» L'aspect de prévention est également très important; on sait bien que lorsque les gens attendent un peu trop, leur problème s'aggrave. Il y a actuellement des discussions à ce sujet dans le débat sur les listes d'attente.

Il y a donc eu des abus, c'est clair. Certains moyens ont été pris pour les réduire. Aujourd'hui encore, certaines choses pourraient être faites à cet effet. Mais à mon avis, ce n'est pas là le problème majeur du système.

Nous aurons l'occasion de revenir un peu plus tard sur les problèmes du système actuel. Au moment où vous êtes intervenu, étiez-vous conscient de faire l'histoire?

Non. Plongé dans un tel défi, je n'avais pas ce genre de pensées. J'essayais de résoudre les problèmes les uns après les autres, m'assurant que les choses se réalisent malgré bien des résistances.

Remarquez que je n'en étais pas à mes premières armes avec des dossiers de cette nature: j'avais été au cœur des travaux sur le Régime des rentes et la Caisse de dépôt du Québec, un défi tout aussi grand. Je dois avouer que j'ai trouvé autant de satisfaction à relever ce premier défi. Lorsque j'ai entrepris l'étape suivante, celle de la réforme de la santé, j'avais déjà un peu plus d'expérience.

Vous avez été mêlé de très près au Régime des rentes. Mais l'opinion populaire a davantage retenu l'avènement de la «castonguette». Pour vous, aujourd'hui, quel serait le point culminant de votre carrière politique, ce dont vous êtes le plus fier?

Évidemment, à cause de son ampleur et du nombre de personnes qu'elle touchait au moment de sa réalisation, c'est vraiment la réforme de la santé, avec l'instauration de l'assurance-maladie. C'est ce qui a été le plus déterminant et le plus difficile à réaliser.

Brève chronologie

1929
naissance à Québec

1948-1950
études à l'Université Laval, Faculté des sciences

1950-1951
études à l'Université du Manitoba, Faculté de sciences actuarielles

1951-1957
enseignement à l'Université Laval, Département de l'actuariat

1951-1962
actuaire et actuaire-conseil, L'Industrielle, compagnie d'assurance-vie, La Laurentienne, mutuelle d'assurance, La Prévoyance, compagnie d'assurance.

1954
voyage en Europe, où il rencontre Marie Fauteux, sa future épouse.

1956
mariage

1958
fellow de la Society of Actuaries et de l'Institut canadien des actuaires

1962
création de Castonguay, Pouliot, Guérard et associés inc., cabinet d'actuaires

1963-1964
actuaire auprès du groupe de travail sur le Régime de rentes du Québec

1966
président du Comité de recherche sur l'assurance-maladie

1966-1970
président de la Commisison d'enquête sur la santé et le bien-être social

1970-1973
député du comté de Louis-Hébert à l'Assemblée nationale du Québec, ministre de la Santé, de la famille et du bien-être social (1970-1971), puis ministre des Affaires sociales (1971-1973)

1974
Compagnon de l'Ordre du Canada

1977
président de l'Institut canadien des actuaires

1977-1982
président du conseil de l'Impériale, compagnie d'assurance-vie

1982-1990
président du conseil et chef de la direction du Groupe La Laurentienne

1986-1994
président du conseil de la Banque Laurentienne du Canada

1987-1990
chancelier de l'Université de Montréal

1990
Officier de l'Ordre national du Québec

1990-1992
membre du Sénat du Canada

1995-1996
président du comité d'experts sur l'assurance-médicaments

1994-
vice-président du conseil de la Banque Laurentienne du Canada et du Trust La Laurentienne du Canada

Si on essaie de vous situer dans le temps, Monsieur Castonguay, peut-on dire qu'il y a eu l'avant assurance-maladie et l'après assurance-maladie? Pourrait-on considérer ce point comme une sorte de moment charnière de votre carrière?

Non, je vois plutôt tout cela comme une sorte de continuum. Les choses se sont transformées avec les époques.

Quant à votre vie privée... pourrait-on la diviser en deux: avant votre rencontre avec mademoiselle Fauteux et après?

Évidemment, le jour où vous laissez la vie de célibataire pour vous marier, bien des choses se transforment.

De la même manière dans ma vie professionnelle, le jour où je suis devenu un homme public, les choses ont changé. On pourrait peut-être mettre en évidence ces deux changements importants.

Vous parliez tout à l'heure de continuité. Je retiens plusieurs étapes de votre vie professionnelle: il y a eu Claude Castonguay, l'actuaire, celui qui a joué le rôle de consultant auprès des gouvernements, l'homme politique, le grand patron... Peut-on considérer ces étapes comme des moments de rupture dans votre vie?

Non, je ne parlerais pas de rupture. Lorsque j'étais président de la commission d'enquête sur la santé, je dirigeais un groupe. En tant que ministre, j'étais à la tête d'un ministère. Dans le monde des affaires, j'ai assuré la direction d'une entreprise. En fait, j'occupais toujours des postes de direction.

Si on veut parler de changement, il s'est produit au moment où j'ai laissé la consultation pour diriger une entreprise. Là, il y a eu rupture.

1

L'homme et son histoire

Au cours de rencontres comme celles-ci, nous essayons de saisir ce qui a pu motiver une personne dans son cheminement, dans ses réalisations. Il arrive parfois qu'on puisse saisir le fil conducteur d'une vie en remontant le temps, en retournant vers la jeunesse. Claude Castonguay, comment commence votre histoire? Dans quel genre de famille avez-vous grandi?

J'ai été élevé dans ce qu'on qualifierait aujourd'hui de famille bourgeoise, dans la ville de Québec. Mon père était un homme très érudit. Ma mère venait d'un milieu très solide: son père était menuisier, un peu homme à tout faire. Il travaillait au ministère des Transports, à l'entretien des bateaux de ce qui est devenu aujourd'hui la Garde côtière.

Notre famille était très unie. Un milieu familial tout ce qu'il y a de plus typique de cette époque-là. La vie était très rangée et nous réservait peu de surprises.

Vous avez grandi dans les années trente, années de la grande dépression. Peut-on quand même dire que, contrairement à l'ensemble des gens, votre milieu familial était à l'abri de la gêne?

Oui. D'après les standards d'aujourd'hui, nous ne vivions pas dans la richesse, mais nous vivions dans l'aise. L'été, nous allions à la campagne, dans la région de Saint-Jean-Port-Joli, d'où viennent les Castonguay. Nous allions évidemment à l'école publique. D'ailleurs, uniquement ceux qui fréquentaient les collèges classiques allaient à l'école privée.

Nous ne vivions pas dans le luxe, mais nous vivions très bien.

J'ai été élevé dans un milieu très stimulant à tous points de vue. Mon père était un homme extraordinaire, doté d'une mémoire formidable. Il avait des goûts très variés. Nous avions chez nous une bibliothèque assez impressionnante pour l'époque. Il aimait aussi beaucoup la musique; nous avions de nombreux disques. Mon père connaissait tous les opéras: non seulement les opéras eux-mêmes, mais si ceux-ci avaient été enregistrés, il pouvait discuter de la qualité des différents enregistrements, celui du Metropolitan de New York, de l'Opéra de Paris ou de la Scala de Milan... Le samedi après-midi, il commentait l'opéra présenté à la radio.

Mon père nous a également initiés aux sports. Il faisait du ski. Dans sa jeunesse, il y avait peut-être dix personnes à pratiquer ce sport! Même si ce n'était pas un sport très répandu, nous avons appris à faire du ski. Dès l'âge de sept ou huit ans, j'ai assisté, avec mon père, aux parties de baseball. Ce n'était pas encore à l'époque un sport très populaire. Avec lui, nous avons aussi appris à connaître le hockey. Il participait aux matchs «Inter-Cité» — les gens des années cinquante ou soixante se souviendront probablement de ce programme.

Mon père m'a initié très jeune à la lecture. Mon premier livre d'envergure, je l'ai lu autour de sept ou huit ans: *Le tour du monde en quatre-vingts jours*. Par la suite, j'ai lu tous les autres livres de Jules Verne. Mon père m'a fait lire toutes sortes de collections de ce genre: les Conan Doyle (les aventures de Sherlock Holmes), les Maurice Leblanc (les exploits d'Arsène

Lupin), etc. Il m'a également initié à l'histoire. Avec lui, j'ai lu de nombreuses biographies, ainsi que les livres de l'époque sur l'histoire de France, sur notre histoire, avec leurs limites, bien sûr...

Toutes ces lectures de jeunesse m'ont beaucoup marqué. Elles m'ont donné le goût de faire quelque chose de ma vie. C'est probablement ce que j'en retire de plus important: si on veut faire quelque chose de sa vie, il est possible de marquer la société dans laquelle on vit. C'est peut-être là le fil conducteur qui m'a animé tout au long de ma vie.

Votre père travaillait dans des journaux. Il s'est même permis d'écrire, à sa façon, les Chroniques d'un bourgeois de Québec. *Quel genre d'histoires pouvait-il écrire?*

Mon père a beaucoup écrit, dans différents journaux. Il ne commentait pas la scène politique, mais présentait des

Émile Castonguay, père de Claude, vers 1950.

billets toujours intéressants sur divers sujets: la musique, le théâtre, la littérature, la vie quotidienne. Il s'est aussi beaucoup intéressé à la petite histoire du Québec; c'est ce qu'on retrouve d'ailleurs dans ce livre auquel vous faites allusion, *L'histoire d'un bourgeois de Québec.* C'est ce qu'il présentait dans ses chroniques, souvent à partir d'un incident de notre petite histoire. J'ai conservé plusieurs de ces chroniques. C'est assez intéressant à lire.

Mon père a aussi écrit un livre relatant la vie des épouses de cinq gouverneurs-généraux qui, par leur correspondance, décrivaient leur vie à l'époque.

▒ *Votre père écrivait sous un pseudonyme.*

Oui, il a écrit sous divers pseudonymes, celui de Sancho Panza, par exemple.

Il avait donc sa vie d'administrateur de journaux, de journaliste. Parallèlement à cela, il vivait aussi dans cet univers d'écrivain.

▒ *Vous avez eu, vous aussi, et nous aurons l'occasion d'y revenir, une vie d'actuaire, d'homme politique, d'homme d'affaires... mais également tout ce côté du peintre en vous, une autre dimension de votre personne. Ressemblez-vous à votre père dans ces deux dimensions bien différentes de votre vie?*

On peut peut-être faire ce genre de parallèle. Mais je dois ajouter que mon père était un homme très humble, qui n'aimait pas s'afficher et préférait passer le plus inaperçu possible, en dehors, bien sûr, de ses activités professionnelles. Je pense que cela explique son utilisation de pseudonymes. D'ailleurs, il n'était pas le seul, c'était pratique courante à l'époque. Y avait-il pour lui d'autres motifs? Je l'ignore.

Quant au parallèle que vous faites avec ma propre vie, je vous dirais que parce que j'agissais dans le domaine public, j'avais envie de conserver une vie privée. Je ne suis pas le seul à réagir ainsi: la vie privée de nombreux personnages publics est peu connue. C'est ce qui explique peut-être l'existence de ces deux dimensions de ma vie que vous venez de mettre en évidence.

Diriez-vous que votre milieu familial était un rendez-vous intellectuel de Québec? J'ai appris que Jean-Charles Bonenfant et René Arthur, par exemple, étaient amis de votre père. Votre famille était-elle un grand lieu de discussion, au cœur de tout ce qui se brassait à Québec?

C'était effectivement un endroit de rencontres, de discussions au plan intellectuel, mais elles se limitaient à ce plan. Les personnes qui s'y rencontraient n'ont jamais cherché à influencer qui que ce soit ou à changer le cours des événements. On y parlait arts, musique et littérature. Jamais on ne discutait de politique ni des problèmes courants de la société. Je dirais que c'était un milieu intellectuel «pur».

Dans des moments de bouleversements que certains ont voulu appeler La grande noirceur, *parce qu'on ne regarde parfois que la façade des choses, comment votre père se situait-il, en tant que personne impliquée dans des journaux, parfois ultra catholiques, comme* L'action catholique*? Comment votre milieu familial se situait-il dans ce monde-là?*

Mon père était administrateur de journaux. Il ne travaillait pas du côté éditorial ou information. Je pense qu'à l'époque la distinction était très marquée entre l'administration et tout ce qui touchait l'aspect éditorial et le contenu des journaux. Mon père ne s'impliquait pas de ce côté-là.

Y avait-il des moments où le milieu pouvait paraître contraignant pour les hommes de son temps ou pour l'univers dans lequel vous viviez?

Je n'ai pas senti cela chez mon père. Même s'il était administrateur de journal, jamais nous ne discutions des questions d'ordre politique — politique québécoise et canadienne

— à la maison. En revanche, il était très intéressé par tout ce qui se passait sur la scène internationale, que ce soit pendant les années trente, pendant la guerre et l'après-guerre. Il recevait plusieurs revues françaises, américaines et canadiennes. Nous avions beaucoup de discussions sur ce qui se produisait dans le monde, mais jamais sur le plan de la politique intérieure. C'est assez étrange.

Mais dans les débats, de quelle façon prenait-il position? Je vous pose cette question parce que cela nous permettra peut-être de comprendre certains de vos choix ou de vos interrogations plus tard dans votre vie. Prenons l'exemple de la Seconde Guerre mondiale. Il y a eu, dans ce qu'on appelait à l'époque la société canadienne-française, tout un débat: pour ou contre la conscription. Votre père était ouvert sur le monde; prenait-il position? Comment percevait-on la situation chez vous?

Mon père s'inscrivait clairement en faveur de la France de De Gaulle plutôt que celle de Pétain et de Vichy. Rapidement, il est devenu très clair qu'il n'avait aucune affinité avec les mouvements fasciste et nazi. À l'école publique, en revanche, j'entendais un discours très différent. Chez les Frères de l'Instruction chrétienne, à l'école que je fréquentais, on nous présentait Salazar, Franco et Mussolini comme des modèles à suivre. On nous parlait un peu moins de Hitler, à cause de ses excès, mais il nous était rarement présenté de façon négative. Pendant la guerre, le maréchal Pétain était qualifié de martyr. Jamais on nous parlait de De Gaulle. Celui-ci représentait plutôt, selon l'expression de l'époque, la «France athée», alors que Pétain incarnait la «France catholique».

Chez moi, le discours était totalement différent. Mon père admirait Churchill. Il était tout à fait en accord avec l'orientation prise par de Gaulle et la France libre, par l'engagement des Américains dans la guerre. J'étais encore très jeune — j'avais quinze ans à la fin de la guerre — et je ne participais pas activement aux discussions. Mais je me souviens tout de même que lorsque la question de la conscription est survenue, l'effort de guerre canadien allait de soi. Selon ce que j'entendais chez moi, il n'y avait aucune hésitation à ce sujet: le Canada devait participer à la guerre de façon active. Et pour des raisons beaucoup plus profondes que le seul fait d'aller défendre l'Angleterre. En effet, au fil des mois, la guerre a évolué et s'est généralisée, avec l'intervention des Japonais.

Je relisais récemment qu'à cette époque certains journaux de Québec sont allés jusqu'à refuser de la publicité à des entreprises juives. Comment votre père, administrateur d'un journal, pouvait-il réagir à une telle situation?

Il a trouvé cela très difficile.

À l'école, à l'église, on nous présentait les Juifs comme une race maudite ou condamnée; on affirmait que le sang du Christ retomberait sur tous leurs descendants... Mais ce n'est pas le discours que j'entendais à la maison.

Mon père réagissait fortement contre ce refus de publier de la publicité d'entreprises juives. Mais cela n'a pas toujours été la règle, ça s'est produit à une certaine époque. Après avoir travaillé à *L'événement journal*, qui fonctionnait très bien, mon père s'est retrouvé à *L'action catholique* au moment où le journal connaissait des difficultés. Lorsque les choses se sont améliorées, le clergé s'est mis à intervenir davantage et à imposer ce type de restrictions. Cela a beaucoup bouleversé mon père. D'ailleurs, au lendemain de la guerre, il a subi sa première crise cardiaque. Je suis convaincu qu'elle était liée à toutes les inquiétudes, à tous les problèmes rencontrés dans son travail. Les conditions de travail du personnel de *L'action catholique*, imposées par le clergé, étaient très difficiles. Très humain, mon père était apprécié du personnel du journal. Au lendemain de la guerre, les employés ont déclenché la grève dans le but d'obtenir de meilleures conditions de travail.

L'action catholique était un journal prospère, les affaires allaient bien; les employés se sont dit qu'ils pourraient en profiter, eux aussi. Mais ils se sont butés à un mur. Cela a terriblement préoccupé mon père. Peu de temps après, il faisait sa première crise cardiaque. À partir de ce moment-là, il avait, je pense, perdu la mobilité qui lui aurait permis d'accepter les offres qui l'auraient obligé à déménager à Montréal. Il n'avait plus la santé pour le faire. Il est donc resté à *L'action catholique* et a poursuivi son travail, mais j'avais l'impression qu'il était malheureux dans son emploi pendant les dernières années, justement à cause de ces attitudes, de ces politiques qui lui étaient imposées.

Et votre mère?

Ma mère était une bonne mère de famille, comme elles existaient à l'époque, dévouée entièrement à la vie de son mari et de ses enfants. Elle était également très énergique, très active, et était impliquée dans toutes sortes d'activités pendant notre enfance. Elle était active dans diverses bonnes œuvres, et avait vraiment des talents d'organisatrice. À la mort de mon père, alors que nous avions tous déjà quitté la maison familiale, ma mère a commencé à s'intéresser à l'accueil aux immigrants à Québec. Elle faisait un travail si efficace que le ministère québécois de l'Immigration, nouvellement formé, lui a offert un emploi. Elle avait environ cinquante-huit ans, à l'époque. Elle est donc devenue fonctionnaire du ministère de l'Immigration, affectée à l'accueil des immigrants. Elle a travaillé activement jusqu'à soixante-dix ans, je crois. Par la suite, elle a continué d'aider des immigrants; les gens qu'elle avait aidés lui rendaient visite de façon régulière.

Ma mère était une personne qui, si elle avait vécu aujourd'hui, aurait sûrement opté pour une carrière professionnelle dans les affaires.

Jeanne Castonguay, mère de Claude,
St-Jean-Port-Joli, vers 1970.

Contrairement à ce qu'on pourrait penser, diriez-vous que vous ressemblez davantage à votre mère qu'à votre père?

On combine habituellement les divers attributs de nos parents. Je crois que certaines choses m'identifient plus à ma mère, et d'autres à mon père.

Votre mère a donc eu une certaine importance dans votre vie. Comment qualifieriez-vous son influence? Que retenez-vous d'elle qui vous ressemble le plus aujourd'hui?

C'est peut-être mon désir de réaliser des choses, de bâtir, d'être utile, efficace. Tous ces éléments l'animaient. De ce point de vue-là, je me retrouve bien davantage en ma mère qu'en mon père.

LES INFLUENCES

Comme plusieurs hommes de son époque, votre père s'est un jour retrouvé prisonnier. Cet exemple de votre père a-t-il eu une influence sur vos propres choix? J'ai l'impression que vous n'avez jamais voulu être prisonnier de quoi que ce soit.

Vous touchez là un point important et c'est intéressant que vous le souleviez. Je me rappelle effectivement avoir décidé très jeune que, dans ma vie, j'essaierais d'éviter de me placer dans la même position que mon père. Je ne voulais pas être obligé de vivre ce qu'il a vécu. J'avais pris la décision de réagir fortement contre une telle situation si elle se présentait.

Peut-on affirmer que cela vous a poussé à faire des choix d'indépendance? Nous y reviendrons un peu plus loin, mais vous avez un cheminement très différent de celui qui avait cours à l'époque. À treize, quatorze ou quinze ans, à l'âge où l'on commence à penser des choix, vous avez pris une orientation bien différente de la majorité des jeunes de votre temps.

Je pense que ça vient effectivement de là. Je me souviens d'en avoir parlé avec mon épouse à une certaine époque. J'ai toujours eu comme objectif de tout faire pour conserver ma liberté, mon autonomie.

J'ai occupé mon premier emploi alors que j'étais encore à l'université. Tout en terminant mes études d'actuariat, je devais travailler dans une compagnie d'assurance. On m'avait indiqué que je ferais le tour des différents services, ce qui me permettrait d'acquérir l'expérience voulue pour poursuivre mes études. Mais comme j'ai eu un peu de succès dans la première fonction que j'ai occupée, on m'a laissé dans cette fonction, sans me permettre les changements promis. Au bout d'un certain temps, j'ai indiqué à mon patron que si je n'étais pas transféré avant un an, je quitterais l'entreprise. Ils ont essayé de me convaincre que c'était dans mon intérêt de demeurer là où j'étais... alors que c'était clairement dans le leur. Au bout d'un an, j'ai donc quitté la compagnie.

Pierre Godin, dans son livre La Laurentienne, relate cet événement et affirme que vous aviez dit: «Si je rate un seul de mes examens, je m'en vais.»

Évidemment, c'était lié au manque d'expérience dans divers secteurs d'une entreprise d'assurance. Cet examen-là exigeait une assez bonne connaissance pratique, que je n'avais pas eue. On m'avait plutôt confiné à un champ d'activité. C'est pour cette raison que j'ai quitté cet employeur.

Est-ce le seul examen que vous avez raté dans votre vie?

Dans les études, j'essayais d'en rater le moins possible. Mais dans la vie, bien évidemment, il y a des choses que j'aimerais avoir réussies mieux que d'autres...

SON ITINÉRAIRE

Vous avez fréquenté l'école publique.

Oui. Je suis allé à l'école Morissette de la paroisse Saint-Cœur-de-Marie. Puis ce fut l'école Saint-Dominique, de la paroisse Saint-Dominique. Ensuite, j'ai fréquenté l'Académie de Québec, qui ressemblait un peu plus à l'école privée. Les élèves devaient payer un certain montant.

Était-ce la structure traditionnelle des collèges classiques?

Non.

Vous êtes donc de cette première génération d'hommes qui ont accédé à des études universitaires en passant par ce qu'on pourrait peut-être appeler aujourd'hui des études secondaires.

En fait, c'était l'autre voie qui semblait plus appropriée, à l'époque. C'est ce qu'on appelait le cours secondaire, qui présentait un contenu plus fort en sciences, un bon contenu au plan de l'histoire, de la langue, de la philosophie. Nous n'étudiions pas le grec et le latin, mais plutôt l'étymologie grecque et latine, ce qui semble assez intelligent quand on y pense. Au lieu de passer beaucoup de temps à apprendre le grec et le latin, on nous enseignait les racines des mots de notre langue. C'était un excellent exercice qui nous permettait, en plus, de passer plus de temps à l'étude des sciences.

Était-ce la méthode plus anglophone? Les collèges classiques n'étaient pas nombreux dans les milieux anglophones. Est-ce que la structure scolaire anglophone ressemblait à ce que vous décrivez?

Peut-être, mais ce n'était pas vu de cette façon à l'époque. C'est la première fois que j'entends cette comparaison, mais elle n'est pas mauvaise.

Vous n'avez donc pas rêvé de prêtrise, de médecine ou de droit?

Pas du tout, au contraire.

C'était pourtant courant. C'est ce qu'on proposait aux jeunes de bonne famille.

Nous parlons ici de la fin des années quarante et du début des années cinquante. Il me semble que c'était de moins en moins le cas. Nous étions un bon groupe à l'Académie de Québec. Ensuite, j'ai fréquenté la Faculté des sciences de l'Université Laval.

Il ne faut pas oublier qu'après la guerre, déjà, les progrès aux plans technique, technologique et scientifique trouvaient de plus en plus d'applications dans la vie courante. De nombreux élèves se dirigeaient donc vers la chimie, la physique, le génie civil, l'électronique, etc., considérés comme les secteurs d'avenir. Le droit, la médecine et la prêtrise m'apparaissaient beaucoup plus comme les secteurs traditionnels. Moi, je regardais vers l'avenir.

Qui vous a influencé le plus pour que vous ayez cette vision de la science? Là encore, ce n'était pas nécessairement le discours de la majorité.

En fait, lorsque j'ai fait mes études, je dois dire que j'aimais tous les sujets. S'il y avait un bon professeur, j'aimais la matière. J'ai aimé la chimie, la physique, les mathématiques, l'histoire, j'aimais beaucoup écrire — ce que nous appelions à l'époque les dissertations. Quand est venu le moment de choisir, j'avoue que ce fut assez difficile. J'ai pensé peut-être me diriger vers le génie. J'ai beaucoup songé à l'architecture, parce que j'aimais le dessin. J'avais aussi une certaine facilité avec les mathématiques. Je trouvais intéressantes les nombreuses applications qu'on pouvait imaginer du côté du risque, des probabilités, des statistiques. J'ai finalement opté pour ce domaine-là.

Les mathématiques étaient-elles pour vous comme un jeu?

Non. Il fallait être très pratique, à l'époque. Ce que j'avais en tête, c'était de trouver une profession que je pourrais exercer avec compétence et qui me permettrait de bien gagner ma vie, de faire un travail stimulant. Mes préoccupations étaient de cet ordre.

Nous fêtons cette année le cinquantième anniversaire du «refus global». À l'époque, vous aviez dix-huit, dix-neuf ans. Vous auriez pu être de ceux qui ont participé à ces contestations. Vous aimez la peinture, vous auriez peut-être aimé l'architecture. Il y avait donc en vous une dimension plus artistique... qui ne se retrouve pas, en apparence, dans les mathématiques. Avez-vous fait un choix de raison?

Oui. D'ailleurs, à cette époque, opter pour les arts, la musique, la peinture ou la littérature exigeait beaucoup de courage. Les études devaient nous mener à un stade où nous pouvions gagner notre vie. C'était la préoccupation la plus importante. N'oublions pas la grande dépression, quelques années plus tôt, qui avait marqué les gens qui m'ont précédé. Cela nous influençait probablement.

Pendant les années trente, dans ma jeunesse, j'ai vu la pauvreté terrible. À l'école que je fréquentais, plusieurs enfants arrivaient le matin sans avoir mangé à leur faim. Il fallait voir comment ils étaient habillés, les endroits où ils vivaient à Québec, près du Parlement... Tout cela m'a marqué. Une de mes préoccupations était donc de m'assurer d'acquérir une formation qui me permettrait de gagner ma vie honorablement.

Vous affirmez qu'il fallait bien du courage pour se diriger vers les arts. N'aviez-vous pas besoin de courage pour vous diriger dans un secteur d'activité pour lequel aucune université du Québec n'offrait un programme de formation? En effet, pour faire vos études d'actuariat, vous deviez vous exiler au Manitoba. Ça prenait du courage pour partir ainsi!

Je ne l'ai pas vu de cette façon. Je dois ajouter qu'à cette époque, en 1948-1949, à mon arrivée à l'université, tous les vétérans qui avaient poursuivi leurs études après la guerre faisaient leur entrée sur le marché du travail. Ils avaient la préférence pour ce qui est des emplois. C'était compréhensible: ils étaient un peu plus âgés et avaient davantage d'expérience. Les gens éprouvaient également beaucoup de sympathie à leur endroit, avec raison. Mes amis et moi, à l'université, nous nous demandions quels champs d'activité les vétérans étaient en train d'occuper principalement... et quels autres champs étaient plus libres pour que nous puissions espérer une plus grande possibilité d'avancement.

Les mathématiques m'intéressaient donc, ainsi que l'actuariat. Après avoir décidé de me diriger dans ce domaine, j'ai poursuivi mes études à l'Université Laval, à Québec. Pour étudier en actuariat, je suis allé à l'Université du Manitoba. Je considérais cela davantage comme une opportunité que comme un geste qui me demandait du courage. C'est au

Manitoba que je pouvais obtenir la formation dont j'avais besoin. Je me disais que cela contribuerait probablement de différentes façons à améliorer ma formation. J'y suis donc allé, et j'ai trouvé ça très intéressant.

À l'Université Laval, vous avez étudié les mathématiques?

En fait, à l'époque, tous les étudiants qui voulaient se diriger en sciences passaient par un même programme de deux ans. C'est ce que j'ai fait. Quand est venu le temps de me spécialiser, je me suis rendu à l'Université du Manitoba.

Ainsi, l'une des plus vieilles universités du Canada, l'Université Laval, n'offrait pas la formation pour une science comme l'actuariat?

Il faut se rappeler quels étaient les moyens des universités à l'époque. La faculté des sciences comptait peut-être, en tout et pour tout, trois ou quatre cents étudiants. Cela réunissait toutes les sciences, les différentes formes de génie, etc. Avec les moyens financiers dont les universités disposaient, cela tient presque du miracle! Les ressources étaient très limitées. Le doyen de l'Université Laval à cette époque, Adrien Pouliot, avait augmenté ses ressources de différentes façons en s'associant par exemple à Radio-Canada, aux Forces armées canadiennes, etc.

Pendant vos études, vous vous êtes engagé dans la marine. Pourquoi la marine?

Comme je vous l'ai dit tout à l'heure, pendant ma jeunesse, nous passions les étés à Saint-Jean-Port-Joli, puis à Saint-Michel de Bellechasse. Comme beaucoup de gens originaires de Québec et du bas du Fleuve, j'ai toujours été impressionné par le Saint-Laurent. Dans mon enfance, les bateaux avaient quelque chose de mystérieux. Je les voyais partir au large... pour moi, ils représentaient l'aventure.

Pendant la Première Guerre mondiale, mon père avait servi un certain temps dans la marine. J'en avais gardé un souvenir. Enfant, dans les parades, c'est toujours le détachement de la marine qui m'impressionnait bien davantage que celui de l'armée de terre ou celui de l'aviation. J'ai toujours eu un certain amour de la mer, des bateaux. J'ai fait bon nombre de voyages en bateau.

À dix-sept ans, je me suis mis à la recherche d'une occupation intéressante qui me permettrait de gagner quelques sous pendant l'été. Plusieurs jeunes, à cette époque, allaient travailler dans les hôtels du Canadien Pacifique ou du Canadien National. Certains prenaient la voie de l'armée et se rendaient dans des camps en Ontario ou au Manitoba. Pour moi, la marine me semblait être l'occasion d'aller un peu plus vers l'aventure, le voyage. Nous voyagions beaucoup plus que certains de mes amis qui passaient deux mois complets dans un camp perdu du Manitoba... Pendant l'été, nous faisions notre entraînement sur les bateaux. Nous circulions le long des côtes. Nous allions vers le nord. Nous sommes même allés vers les Bermudes. C'était pour moi très intéressant.

Avez-vous trouvé cela difficile? Étiez-vous bilingue à ce moment-là?

Non. Et la marine, à l'époque, était totalement anglaise, calquée sur la marine britannique; tout se passait en anglais. Je connaissais un peu cette langue, pour l'avoir étudiée à l'école, pour avoir lu un peu en anglais. Cependant, je ne parlais pas l'anglais. Ce fut évidemment très difficile. Mais le fait d'être entièrement plongé dans un milieu comme celui-là est probablement la façon la plus rapide d'apprendre une langue. J'étais obligé de me débattre et d'apprendre!

Souvent des gens qui vivent de telles situations en retiennent une certaine frustration découlant d'affrontements. Comment avez-vous vécu cette expérience d'immersion? Était-ce frustrant?

Évidemment, c'était un peu frustrant. Mais ma réaction, et celle des quelques autres Québécois qui y étaient, a été de me dire que nous allions nous débrouiller et leur montrer que nous étions capables, nous aussi, de fonctionner. Certains incidents amusants se sont d'ailleurs produits à ce sujet.

Dès le deuxième été, par exemple, nous étions inscrits dans un programme de formation assez exigeant. Tous les matins, nous nous levions vers 5 h 30 et descendions en courant dans le port d'Halifax. Une fois au port, nous embarquions dans de grosses baleinières, traversions le port en ramant et revenions. Très rapidement, nous nous sommes retrouvés, cinq ou six Québécois, ensemble dans la même baleinière. Nous formions une équipe francophone.

Le premier bateau francophone de la marine canadienne?

Oui. Et il était amusant de voir, dans les autres bateaux, un des membres de l'équipage prendre le commandement et

Au premier plan, le marin Claude Castonguay, juin 1948.

ordonner à ses coéquipiers de respecter la discipline: ils devaient se préparer, placer toutes les rames au bon endroit, commencer à ramer en cadence... alors que nous, nous embarquions le plus rapidement possible et partions aussitôt. Au diable la procédure et la discipline! Souvent, au retour, nous croisions les autres bateaux qui n'avaient pas encore parcouru la moitié du chemin!

Cela a duré une dizaine de jours, puis on nous a annoncé qu'il fallait refaire les équipes et nous avons été dispersés.

▒ *On avait défait une équipe gagnante.*

Bien sûr que nous étions gagnants! Mais ce n'était pas tellement une réaction de défense ou de frustration. Nous étions déterminés à montrer que nous étions, tout autant que les autres, capables de fonctionner dans ce milieu.

▒ *C'est intéressant, ce que vous expliquez ici. Vous dites: «Nous n'avions pas nécessairement de discipline, d'encadrement. Nous n'en voulions pas.» C'était comme une équipe qui part et se lance à l'eau. Cela ressemble, si vous me permettez la comparaison, à ce que vous ferez beaucoup plus tard en affaires.*

Peut-être. En fait, nous ne cherchions pas à démontrer que l'un d'entre nous était capable de diriger les autres, et que nous pouvions naviguer dans tout le formalisme qui était de mise... Notre but était de traverser le port, et le plus vite possible. Voilà l'esprit qui nous animait, jeunes francophones dans la marine canadienne.

▒ *Êtes-vous bien conscient que vous étiez, à l'époque, une personne différente? Je m'explique: une personne de votre talent, normalement, aurait été recrutée très rapidement par les collèges classiques. Vous faites vos études dans une structure différente. Vous vous retrouvez au Manitoba. Vous choisissez la marine, et pas l'armée comme bon nombre de francophones.*

Évidemment, de ce point de vue-là, je n'étais pas conformiste. J'ai toujours essayé de faire les choix qui m'apparaissaient les plus appropriés. Peut-être étais-je moins influencé par ce que les autres faisaient. J'avais ma propre réflexion, je faisais mes propres choix.

▒ *Vous aviez une certaine indépendance d'esprit.*

Oui.

▒ *Si vous avez étudié au Manitoba, c'est parce qu'on y offrait les cours dont vous aviez besoin.*

Oui. D'ailleurs il y avait, dans mon groupe à l'Université du Manitoba, plus d'Américains que de Canadiens. Ce cours d'actuariat s'était acquis une excellente réputation qui débordait des frontières du Manitoba.

▒ *Faire des études en anglais, ça ne doit pas être facile!*

Non. Et il n'y avait aucun autre francophone dans mon groupe. Tout se passait en anglais. J'ai trouvé ça difficile, mais déjà, très jeune, cela m'est apparu être une des réalités avec lesquelles nous devions composer. En tant que Canadien-français, je devais m'assurer d'être capable de fonctionner tout aussi bien en anglais qu'en français. Non pas parce qu'on nous en voulait, mais parce que cela faisait partie des réalités de la vie.

▒ *Mais saviez-vous à ce moment-là que c'était en quelque sorte une exigence à sens unique?*

Oui. Et c'était parfois un peu frustrant. Certains jours, c'était plus que frustrant, un peu enrageant. Mais là encore, je me disais: «Je vais lutter et passer au travers.»

Lorsque, avec un associé, j'ai formé ce qui à toutes fins utiles était le premier bureau d'actuaires-conseils francophones, la logique était un peu la même. On nous disait: «Les bureaux d'actuaires-conseils sont Américains, anglophones.

À l'Université du Manitoba, 1951.

Pas francophones! — Un instant! Nous sommes capables de travailler aussi bien que les autres!» Nous avons donc créé notre bureau qui existe encore aujourd'hui, d'ailleurs, et qui fonctionne très bien.

C'est le cas dans bien des milieux, dans bien des secteurs d'activité. Plusieurs francophones ont pris la place qui leur revenait au lieu de vivre avec une sorte de ressentiment qui finit par colorer toute action.

Une histoire d'amour

Les bateaux ont certes de l'importance dans votre vie. Car si c'est à Paris que vous avez rencontré votre future épouse, c'est sur le bateau qui vous ramenait au pays que vous avez fait plus ample connaissance.

Oui.

Pour Claude Castonguay, l'homme au regard sévère, l'homme qui ne sourit pas, dit-on, c'est presque un roman, un scénario de film, que d'aller rencontrer une Québécoise à Paris... et de la prendre pour épouse!

D'abord, parlons de la question de l'«homme sévère». Je pense que ce sont mes traits physiques qui sont sévères et donnent cette impression, parce que je ne me considère pas comme une personne sévère. Ce n'est pas dans ma nature. Vous pouvez en parler à mon épouse, à mes enfants ou à mes petits-enfants: je ne suis pas un homme sévère.

Quels étaient vos traits lorsque vous étiez dans la vingtaine?

Ils n'étaient peut-être pas très souriants. J'en ai pris conscience à plusieurs reprises. Mais je ne me vois vraiment pas du tout comme une personne sévère. Ce n'est pas dans ma façon de penser ni d'agir. Nous n'avons pas élevé nos enfants dans un climat de sévérité. Nos rapports avec nos amis se font dans un contexte détendu, loin de toute sévérité.

Rencontrer la fille du lieutenant-gouverneur du Québec dans la Ville lumière! Ce n'est pas donné à tous les jeunes Québécois!

Mon père avait lui-même beaucoup voyagé pour l'époque. Avant la Seconde Guerre mondiale, il s'était rendu au moins quatre fois en Europe. Il m'avait transmis, dans une certaine mesure, le goût du voyage, le désir d'aller voir ailleurs. J'ai aussi beaucoup lu au cours de ma jeunesse, ce qui ouvre les horizons et donne le goût d'aventure.

Après avoir travaillé pendant quelques années, je me suis dit que je devrais prendre un peu de temps pour voyager. J'étais encore dans une situation qui me permettait de le faire: célibataire, sans attaches, sans responsabilités. C'était le moment pour moi d'en profiter. Les voyages étaient beaucoup moins fréquents à l'époque qu'ils ne le sont aujourd'hui.

Cet été-là, en 1954, j'ai donc décidé d'aller visiter l'Europe. J'avais vingt-cinq ans. La traversée se faisait surtout en bateau. Rares étaient ceux qui prenaient l'avion. Plusieurs étudiants traversaient pour l'été. En effet, le dollar canadien était très fort, le coût du voyage était peu élevé et, une fois sur place, il était possible de vivre dans des villes comme Londres ou Paris pour presque rien. C'était fantastique! Je pense qu'il en coûtait plus cher de passer ses vacances au Canada que de les passer en Europe.

Les choses ont bien changé depuis!

Effectivement! Je suis donc parti pour l'été et j'ai fait toute une tournée de l'Europe. Un jour, à Paris, avec quelques autres Québécois, nous avons décidé de sortir tous ensemble pour nous amuser. La mode était alors aux caveaux et aux chansonniers. J'ai fait la tournée des boîtes avec un groupe de jeunes. Je connaissais la plupart d'entre eux, mais pas tous. C'est là que j'ai rencontré pour la première fois celle qui est devenue par la suite mon épouse. Nous nous sommes rencontrés à Paris ce soir-là, et nous avons réalisé que nous faisions le voyage de retour à bord du même bateau. Pendant la traversée, nous avons fait plus ample connaissance, nous avons eu l'occasion d'échanger à plusieurs reprises.

Qu'est-ce qui vous a attiré chez cette jeune fille?

Ça n'a pas été le coup de foudre, ni pour elle ni pour moi, d'ailleurs. Il y avait entre nous, à divers points de vue, un très grand attrait. Nous avons progressivement appris à

En route
pour l'Europe,
1954.

nous connaître et il s'est créé entre nous des liens qui rapidement sont devenus très forts. Je me sentais bien avec elle, elle se sentait bien avec moi. Je lui trouvais plusieurs belles qualités; de son côté, elle devait réagir de la même façon... Il y avait aussi, au plan physique, un attrait évident qui, je crois, était partagé. Il n'y a pas eu de coup de foudre, qui fait perdre les pédales, mais plutôt une rencontre plus rationnelle, mais plus durable.

Avez-vous déjà connu le coup de foudre? Ou bien êtes-vous d'un tempérament à ne pas vous laisser aller au coup de foudre?

J'imagine que tous les jeunes gens, un jour, vivent un coup de foudre. Mais ça n'est pas très durable, dans certains cas. J'ai moi aussi connu ce type d'expérience, mais ça n'a pas duré.

Quelle distinction faites-vous entre l'amour et le coup de foudre?

Le coup de foudre est, je crois, beaucoup plus physique. L'amour, en revanche, est plus profond. Il va au-delà d'une simple attirance physique. L'amour est une combinaison de divers éléments: les qualités d'une personne, sa personnalité, sa façon de vivre et de réagir...

Diriez-vous que, pour Claude Castonguay, se laisser aller au coup de foudre serait presque «contre nature»?

Non. Non. Je pense bien que même une apparence de rationalité ou de contrôle sur soi n'empêche pas d'éprouver intérieurement des émotions, des sentiments.

Sur le bateau, vous faites donc plus ample connaissance avec celle qui deviendra votre épouse. Mais vous ne faisiez pas partie du jet-set, vous n'étiez pas de l'entourage de la jeune fille du lieutenant-gouverneur.

Les parents de ma femme étaient des gens sérieux qui voulaient s'assurer que leurs enfants soient élevés de façon sérieuse, malgré le passage de leur père comme lieutenant-gouverneur. Cette fonction appelait de nombreux visiteurs et des réceptions à Bois-de-Coulonge. Mimi, mon épouse, n'était pas attirée par cette vie mondaine, et ses parents ne l'orientaient pas dans cette voie. Le fait que je ne fasse pas partie de ce monde-là ne posait aucun problème, au contraire. Ses parents voyaient d'un bon œil que leur fille fréquente un garçon qui n'était pas impliqué dans la vie sociale et mondaine.

Un jeune homme sérieux.

Un jeune homme sérieux.

Comment a commencé votre vie à deux?

C'était, je crois, assez différent de ce qui se vit généralement aujourd'hui. L'accent était beaucoup moins sur l'acquisition de tout ce qui peut apparaître utile et agréable à la vie — maison, automobile, tous les gadgets auxquels on peut songer... Nous désirions, évidemment, avoir des enfants. Nous nous sommes mariés en 1956, et notre première fille est née en 1959. Les autres ont suivi en 1960 et 1964. Nous avons donc élevé nos enfants alors que nous étions encore relativement jeunes. Nous avions probablement beaucoup plus de patience, et nous avons pu profiter de leur présence. Sur le plan de la carrière, il était clair pour ma femme et moi que nous souhaitions, dans la mesure du possible, éviter une vie rangée et monotone. Nous voulions essayer de construire quelque chose d'intéressant de notre vie. C'est ainsi que je me suis engagé, à différentes étapes de ma vie, dans des domaines nouveaux, qui comportaient des risques et imposaient à mon épouse de nombreux sacrifices, des déménagements, des vacances annulées, etc. Dans l'ensemble, c'est la vision que nous avions de notre vie.

Nous savions également que notre objectif n'était pas de gagner les revenus les plus élevés possibles. Nous voulions établir un équilibre entre une carrière intéressante, une vie familiale nourrissante et un revenu acceptable. Ma préoccupation n'était donc pas de faire des revenus très élevés. Si j'avais mis toutes mes énergies dans cette voie dès le début de ma carrière, je crois que je serais beaucoup plus riche que je peux l'être aujourd'hui!

Votre beau-père, Gaspard Fauteux, avait eu le mérite, si ma mémoire est bonne, de battre Camilien Houde dans le comté de Sainte-Marie. Il avait été président de la Chambre des communes, puis lieutenant-gouverneur. Aviez-vous l'occasion de parler politique avec lui? Vous ne parliez pas politique dans votre famille, mais dans votre belle-famille, en parliez-vous?

Nous en parlions beaucoup, évidemment. Gaspard Fauteux venait d'une famille qui, de génération en génération, avait œuvré en politique québécoise. Lui-même a passé la majeure partie de sa vie dans l'arène politique. J'étais très intéressé à l'entendre parler des différentes étapes de sa vie politique et des éléments marquants: la conscription, l'effort de guerre, les soubresauts et les résistances créés au Québec. Après la guerre, quelques situations difficiles comme le procès de Fred Rose.

Le député communiste.

Oui. Monsieur Fauteux était président de la Chambre à ce moment-là. En tant que député, Fred Rose avait des droits. La tradition parlementaire canadienne ne prévoyait rien pour une telle situation. Comment faire face à cet événement tout en respectant de façon générale les règles de la démocratie?

Mon beau-père avait donc vécu une époque intéressante, celle de l'après-guerre. Comment sortir le pays de l'effort de guerre et le lancer sur la voie de la reconstruction et du développement? Il a évidemment très bien connu McKenzie-King et St-Laurent. Pendant son stage comme président à la Chambre des communes, il a reçu des visiteurs intéressants, Winston Churchill et Harry Truman, par exemple, et a pu établir certains contacts avec eux. Mimi a d'ailleurs conservé une lettre de Truman. Elle lui avait écrit, lui prédisant son élection comme président des États-Unis. Elle était encore jeune à l'époque, elle avait à peine douze ans. Une fois élu, Truman lui avait répondu pour la féliciter de son bon jugement.

J'ai donc beaucoup parlé de politique à cette époque-là avec le père de mon épouse. Il était vraiment très empreint de la philosophie du Parti libéral de l'époque, ce qui correspondait d'ailleurs beaucoup à mes propres vues.

Mais il a été un homme politique très différent de vous. Vous n'avez été en politique que pour une courte période; lui était un politicien de carrière. Règle générale, ce type de personnes aiment parler politique, aiment influencer même les gens qui les entourent. Monsieur Fauteux a-t-il eu de l'influence sur vous au plan politique?

Fred Rose

Fred Rosenberg Rose est né en Pologne en 1907. Membre de la ligue des jeunes communistes, il est arrêté au cours d'un rassemblement de chômeurs et condamné à un an de prison pour sédition en 1931. En 1943, pendant la guerre, il parvient à se faire élire sous l'étiquette travailliste progressiste communiste dans le comté de Cartier à la Chambre des communes. Il est forcé de démissionner dès 1946 à la suite d'accusations d'espionnage. Trouvé coupable, il passe six ans en prison avant de retourner en Pologne où il meurt en 1983. Il demeure le seul député communiste à avoir siégé à la Chambre des Communes.

D'après J. COURNOYER, *Le petit Jean: Dictionnaire des noms propres du Québec*, Montréal, Stanké, 1993.

Non, malheureusement. Il est décédé en 1962, alors que j'étais encore actuaire-conseil. Il n'a donc pas connu tout ce qui a suivi, mon implication dans le Régime des rentes du Québec, les commissions d'enquête et mon séjour comme ministre.

Sa vie politique a-t-elle pu être un frein à la vôtre? En effet, votre épouse n'était pas entièrement d'accord que vous fassiez vous-même une carrière politique. Cette résistance peut-elle découler de son expérience de fille de politicien?

En fait, je ne présenterais pas la situation de cette façon. Mimi avait vu clairement les effets que peut avoir sur la vie familiale, sur la vie des enfants, une implication du père — aujourd'hui nous dirions d'un des deux conjoints — dans la politique: présence limitée à la maison, beaucoup de préoccupations, un rythme de vie très intense, peu de place pour les enfants ou pour la vie familiale, peu de place pour la conjointe... Tout cela, elle l'a vécu dans sa jeunesse et en a subi, dans une certaine mesure, les contrecoups. Lorsque la possibilité d'entrer en politique s'est présentée à moi, elle n'a pas créé de résistance ni d'empêchement. Nous avons cependant convenu que je m'engagerais pour un terme et que nous réévaluerions la situation par la suite, à savoir si je désirais poursuivre dans cette voie ou si je retournais à ma profession et aux affaires. En rétrospective, je considère que c'était une sage décision.

2

L'homme politique

En parlant de la politique, vous avez déjà affirmé qu'il n'y a pas de meilleur endroit pour voir les gens tels qu'ils sont. Que vouliez-vous dire?

Dans la vie privée, nous pouvons assez facilement changer d'opinion. Devant une question, nous avons la possibilité de réserver notre jugement; de façon générale, personne ne nous force à exprimer notre opinion, à prendre position, à émettre un jugement. En affaires, dans nos activités professionnelles ou autres, il est possible de changer d'orientation, de faire preuve d'une certaine habileté, et peut-être même parfois d'être dur envers les autres... sans que ça paraisse trop. Tout cela peut passer inaperçu.

Mais dès qu'une personne entre dans l'arène politique, on l'analyse constamment; on peut voir assez clairement où elle se situe. Cette personne peut également cerner de façon assez claire ceux et celles qui l'entourent. Étant donné les intérêts assez importants en cause, elle les verra, dans ses rapports avec eux, réagir de façon très révélatrice.

La politique affecte clairement la vie d'une personne bien davantage que le monde des affaires ou d'autres secteurs d'activités. En affaires, par exemple, chacun fait ce qu'il a à faire. Si les gens n'aiment pas la façon d'agir d'une personne,

Claude Castonguay, ministre des Affaires sociales, en visite en France. Arrivée à Matignon en compagnie de Jean Chapdeleine, délégué du Québec à Paris, printemps 1972.

ils font affaire avec quelqu'un d'autre. Les options sont nombreuses. Mais dans le monde de la politique, qui touche au fonctionnement de la société, chacune des décisions touche un grand nombre de personnes. Et les gens réagissent assez fortement selon l'ampleur de leurs intérêts et selon la façon dont les décisions peuvent les affecter. C'est ce que je voulais dire.

Est-ce pour cette raison que vous comptez peu d'amis véritables dans le monde politique? Quand je parle d'amis, je parle de gens avec qui on partage sa table, avec qui on désire faire des choses complètement différentes de son travail. La politique n'est pas un monde où vous avez beaucoup d'amis intimes.

Non. En fait, les gens qui se sont orientés vers une carrière politique établissent certainement des liens dans ce monde. Cela fait partie de la dynamique, surtout s'ils ont des ambitions ultérieures... ils tentent alors de se faire le plus d'amis possible.

Mais est-ce que ce sont des amis au sens où je l'entends? Avez-vous, lors de votre passage en politique, noué des amitiés profondes, de ces amitiés qui durent toute une vie?

Non, pas tellement. Je ne crois pas que ce soit un monde où il est possible de se faire ce type d'amis. J'en doute.

Diriez-vous qu'il est peut-être plus facile d'y arriver dans le monde des affaires?

Je pense que c'est effectivement le cas; il peut exister de plus grandes affinités entre les personnes.

Ceci dit, je me suis fait quelques bons amis en politique, mais en nombre assez limité.

Le Claude Castonguay politicien est-il différent de l'actuaire?

Dans le travail d'actuaire, l'exactitude, la rigueur la plus grande s'imposent. C'est un travail très rigoureux; l'univers des mathématiques est très structuré, assez froid.

Le monde politique présente une tout autre dynamique. Pour atteindre ses objectifs, une personne doit être capable d'entretenir des rapports avec les gens, être prête à faire des compromis, être assez réaliste pour discerner ce qu'elle a les habiletés de réaliser et ce qui est au-delà de ses compétences. C'est vraiment autre chose.

Êtes-vous un homme de compromis?

Je crois que oui. J'essaie en tout cas de ne pas être une personne «idéologique», animée par une doctrine rigide. Au contraire. Je suis très conscient de vivre dans un monde en perpétuelle transformation: les situations, les façons de voir changent. Elles sont rares les situations où tout est blanc ou noir. Il me semble donc que, dans une certaine mesure, le compromis fait partie de la vie.

Avant d'entrer en politique, aviez-vous des modèles de politiciens, des personnes qui auraient pu vous influencer?

Comme tous les jeunes, j'ai été bien impressionné par les grands noms de l'histoire: Alexandre le Grand, Napoléon... Par la suite, j'ai réalisé que dans certains cas, leur règne, celui de Napoléon, par exemple, a entraîné beaucoup de misère. Pendant la guerre, j'ai été impressionné par Winston Churchill. De ces hommes, j'ai retenu qu'il était possible de réaliser des choses, qu'une personne peut avoir une très grande influence.

Plus tard, j'ai vu un homme comme Harry S. Truman, qu'on destinait à peu de choses, devenir un des plus grands présidents américains. En tant que président, il a joué un grand rôle dans la reconstruction de l'Europe et du Japon. S'il l'avait refusée, l'histoire se serait sûrement répétée. En effet, après la Première Guerre mondiale, l'Allemagne a été gardée dans son statut de pays défait, créant une situation propice à l'arrivée de Hitler et le déclenchement de la Seconde Guerre mondiale. Plutôt que de punir l'Allemagne au lendemain de la Deuxième Guerre, on a choisi de la reconstruire en même temps que le reste de l'Europe. Cela demandait un courage extraordinaire de la part de Truman.

Mais Truman a également à son actif la bombe atomique.

Je le reconnais. C'était un choix terrible. Mais il était placé devant un dilemme épouvantable: laisser se poursuivre une guerre qui ferait des centaines de milliers de morts et prolongerait la crise internationale, ou bien régler le problème... au prix de cent ou deux cent mille vies! Truman a choisi la bombe atomique. Ce devait être un choix extrêmement difficile. A-t-il choisi la pire option? Je l'ignore. Ce qu'il a réalisé à plus long terme m'a marqué.

Plus près de nous, d'autres hommes politiques m'ont influencé, pas tous de la même façon. J'ai vécu les années cinquante alors que Duplessis était premier ministre. J'ai vu en lui l'image d'un homme ancré dans le passé, bloquant le progrès. J'ai réagi très fortement à tout ce qui était associé à Duplessis, à toute cette époque.

Quand Jean Lesage est arrivé au pouvoir, malgré certaines faiblesses, il a amené avec lui un vent de changement. Jean Lesage, c'était l'ouverture, la compétence. Il a beaucoup transformé la fonction publique québécoise, en s'entourant de personnes compétentes. Il avait une certaine classe dans tout ce qu'il faisait, dans ses discours, dans son comportement en général. Il était pour moi un modèle.

À la même époque, j'ai vu arriver, sur la scène politique canadienne, Lester B. Pearson. Il avait une vue très généreuse du monde et a fait sa marque en se méritant le prix Nobel de la paix. Malgré son âge, il était très jeune d'esprit et regardait le monde de façon positive, avec enthousiasme et ouverture, contrairement à bien des personnes qui, en vieillissant, deviennent cyniques et très conservatrices. D'un naturel très jovial, Pearson avait beaucoup d'humour. Il s'intéressait aux sports — il connaissait tous les joueurs de baseball! Pearson m'a donc beaucoup influencé. J'ai réagi fortement à l'arrivée de Pierre Trudeau, véritable antithèse de Pearson.

Sur la scène canadienne, je peux donc dire que Duplessis m'a influencé d'une certaine façon, et Jean Lesage et Lester B. Pearson d'une autre façon.

L'ANTICHAMBRE DE LA POLITIQUE

Jean Lesage a été un homme important dans votre carrière politique. Vous avez fait partie de ces jeunes talents recrutés par monsieur Lesage pour conseiller ses hauts fonctionnaires dans un dossier qui s'avère aujourd'hui d'une importance capitale: le Régime des rentes du Québec et la création de la Caisse de dépôt. Quel a été votre rôle dans cette création?

Je pense qu'il est important de rappeler le contexte dans lequel cela a été réalisé. Nous nous retrouvions, après la Seconde Guerre mondiale, dans une période de prospérité économique. Mais bien des gens craignaient que, comme cela s'était produit dans les années trente, une récession suive à plus ou moins court terme. En effet, après les «années folles» qui avaient suivi la Première Guerre mondiale, le monde avait été brusquement précipité dans la dépression suite au krach de 1929.

Tout avait éclaté à ce moment-là parce que les gens n'avaient plus de pouvoir d'achat; toute la richesse avait été concentrée dans les mains de quelques-uns. Et malgré la grande capacité de production, la demande était très réduite, les gens n'ayant plus d'argent. À la fin des années cinquante, au début des années soixante, le risque d'une nouvelle crise économique était très présent à l'esprit des gens. Pour l'éviter, il fallait assurer la sécurité des gens, répartir le pouvoir d'achat. Ceci permettrait de maintenir les économies en marche. Dans ce contexte, la question de la sécurité du revenu devenait très importante. Il y avait une première façon de le faire: un régime de retraite à même les entreprises, ce qui ne couvrait qu'une petite partie de la population, laissant de côté les travailleurs autonomes et les entreprises moins rentables. C'est ainsi que l'idée de réaliser un régime public a fait son chemin.

Pendant ce temps, au Québec, un autre courant se développait: on découvrait l'importance pour le Québec de développer et de diversifier son économie, de faire en sorte que les francophones aient leur place au sein de leur économie. Le moyen par excellence de favoriser ce mouvement serait de disposer d'un réservoir de capitaux permettant d'investir dans nos propres entreprises.

Quelqu'un au Québec a fait le lien entre les deux préoccupations: pourquoi ne pas former un Régime de rentes public, accumuler ainsi des fonds, une Caisse de dépôt, nous permettant d'investir dans notre économie? Voilà donc comment a germé l'idée du Régime des rentes du Québec et de la Caisse de dépôt.

À cette époque, au niveau fédéral, les libéraux de Lester B. Pearson ont défait les conservateurs de Diefenbaker. À l'exemple de ce qui s'était déjà fait aux États-Unis sous le président Roosevelt, Pearson a annoncé une période de soixante jours de décisions pendant laquelle on transformerait rapidement la société canadienne. Parmi les projets de changement: la création d'un régime de pension pour l'ensemble des Canadiens, mais sans caisse de dépôt. Les prestations versées chaque année seraient prises à même les montants perçus auprès des travailleurs au cours de la même année.

Il n'y aurait donc pas de réserve.

Non, et je voyais bien ce qui se préparait de part et d'autre.

Étiez-vous déjà lancé dans une étude sur le Régime des rentes du Québec?

Pas du tout. Mais comme actuaire, mes études sur les assurances sociales m'avaient beaucoup intéressé. J'avais étudié particulièrement ce qui s'était fait en France, en Allemagne, en Angleterre, aux États-Unis, avec le New Deal. Tout ce qui se passait dans ce domaine m'intéressait beaucoup. J'ai donc perçu, à ce moment-là, le conflit qui se préparait entre les deux projets de régime, le québécois et le canadien.

La société québécoise n'étant pas très grande, je savais qu'il n'y avait, dans l'entourage de Jean Lesage, personne qui puisse concevoir un régime de rentes qui s'arrimerait avec une caisse de dépôt et pourrait contrecarrer l'établissement d'un régime canadien sans caisse de dépôt. C'était le défi à relever. Le secrétaire particulier de Jean Lesage, René Arthur,

Régime des rentes du Québec

Au milieu des années 60, le gouvernement fédéral, dirigé par Lester B. Pearson, voulait créer un régime de retraite public pour tous les Canadiens.

Au terme d'âpres discussions, le gouvernement de Jean Lesage avait arraché une importante concession au gouvernement fédéral en obtenant de faire bande à part et de créer son propre régime. Le Régime des rentes du Québec comporte une différence fondamentale: la capitalisation. À la manière d'un régime privé, les cotisations des Québécois sont investis dans un fonds administré par la Caisse de dépôt et de placement du Québec, créée à cette fin en 1965. Le Régime de pensions du Canada ne dispose pas d'un tel fonds.

Caisse de dépôt

La Caisse de dépôt et de placement du Québec a été créée en 1965 par une loi de l'Assemblée nationale dans le but de faire fructifier les actifs du Régime des rentes du Québec et d'autres régimes publics tels les régimes de retraite des employés de l'État et celui de l'Assurance-automobile du Québec. Elle se classe parmi les grands gestionnaires de portefeuille en Amérique du Nord et vient en tête des gestionnaires de fonds publics au Canada.

père de l'animateur André Arthur, avait été mon professeur de diction à l'Académie de Québec. Je suis allé le voir et je lui ai exposé ma vision des choses. «Je suis un des seuls actuaires francophones au Québec. J'aimerais écrire une lettre au premier ministre Lesage pour lui exprimer mon intérêt à travailler sur ce dossier. Pourriez-vous la lui remettre de ma part?»

René Arthur a remis ma lettre au premier ministre qui m'a fait venir à son bureau. Nous avons eu une bonne conversation. Il m'a demandé de travailler avec un petit groupe composé de quelques avocats, d'un ex-journaliste qui agissait à titre de secrétaire, et d'un actuaire, Thadeus Poznanski, qui est devenu par la suite le beau-père de Jacques Parizeau. Déjà assez avancé en âge, monsieur Poznanski avait consacré sa carrière aux assurances non pas sociales mais individuelles. Mon rôle au sein de ce groupe a été de concevoir un Régime des rentes pour le Québec. J'ai travaillé d'arrache-pied. J'étais très seul. Je ne disposais pas des moyens informatiques qui permettent aujourd'hui de réaliser des calculs très complexes. Nous avions à l'époque des calculatrices à la puissance très restreinte. Les données statistiques étaient beaucoup plus limitées. J'ai malgré tout réussi à pondre une esquisse de régime qui fut présentée au Cabinet. Après cette première présentation, le gouvernement m'a demandé d'aller plus loin, de raffiner et de compléter mon travail. Mes textes et mes propositions étaient bien entendu soumis au comité. Nos efforts ont finalement pris la forme d'un rapport décrivant ce que devrait être un Régime des rentes du Québec avec accumulation de capital et les différents types de prestations prévues.

Au moment où j'ai déposé ce rapport, la question des pensions arrivait à un point culminant dans les discussions politiques. Une conférence fédérale-provinciale d'une grande importance pour l'époque s'est tenue dans l'enceinte de l'Assemblée nationale à Québec. Jean Lesage était premier ministre du Québec et Lester B. Pearson, premier ministre du Canada. Un certain nombre de sujets très controversés étaient à l'ordre du jour: la question de l'aide aux municipalités, où le gouvernement fédéral tentait d'intervenir, les transferts de points d'impôts, la question des bourses d'études également, si ma mémoire est bonne, et, bien sûr, celle des régimes de pension. Le projet de régime fédéral commençait déjà à être connu. Lesage a dévoilé le contenu de notre rapport présentant ce que j'avais conçu comme régime de rentes. La réaction des participants a été tellement positive que Pearson, qui avait un grand sens de l'humour, a demandé s'il pouvait se joindre au régime québécois, provoquant un fou rire général... mais sans dénouer l'impasse. La réaction de la ministre fédérale, madame Judy Lamarsh, fut extrêmement négative. La conférence s'est terminée sur une impasse à tous les points de vue.

Au lendemain de la conférence, ni Lesage ni Pearson ne souhaitaient que la situation perdure.

▩ *Voulez-vous dire qu'à ce moment-là on savait régler les problèmes?*

En fait, ils savaient que cela pouvait avoir des conséquences assez négatives. Ils se sont dit que s'ils tentaient de trouver des solutions non pas sous l'éclairage des médias et du public mais plus discrètement, les compromis seraient un peu plus faciles, et on pourrait peut-être en arriver à des solutions. Ils ont cru bon de commencer par la question des pensions.

Jean Lesage m'a convoqué en compagnie de Claude Morin, à l'époque sous-ministre des affaires fédérales-provinciales. Il nous a demandé si nous croyions qu'une entente était possible. C'était le jeudi, je crois. «Samedi, nous dit-il, vous vous rendrez à Ottawa pour rencontrer le représentant du premier ministre. Vous tenterez d'en arriver à une solution.»

Nous sommes partis à bord de l'avion du gouvernement. À Ottawa, on nous a conduits de l'aéroport au Parlement, dans les bureaux du Conseil privé. C'était samedi: les bureaux étaient déserts; tout se passait dans la plus grande discrétion. Nous avons rencontré Maurice Sauvé, alors ministre des Forêts et du développement régional.

Maurice Sauvé, l'époux de celle qui deviendrait gouverneur général du Canada, Jeanne Sauvé.

Exactement. Il y avait aussi le chef de Cabinet du premier ministre Pearson et le sous-ministre en titre du ministère de la Santé et du bien-être social. Tout cela se faisait à l'insu de Judy Lamarsh, ministre de la Santé. Nous avons discuté une grande partie de la journée, sans succès. Au milieu de l'après-midi, l'impasse demeurait. Tout ce qu'on nous proposait était de prévoir pour le Québec un petit supplément au régime de pension du Canada. Nous avons dit à nos vis-à-vis fédéraux: «Ça ne fonctionne pas.»

Ce que j'avais en tête, c'était de faire deux régimes semblables, un pour le Québec et un pour le reste du Canada. On m'avait dit que c'était un champ de juridiction provinciale et que le gouvernement fédéral, s'il voulait s'y aventurer, devait le faire avec le consentement des provinces. Je sentais que j'avais une proposition solide. Je me disais qu'il serait peut-être possible de faire deux régimes qui permettent la «transférabilité» entre le Québec et les autres provinces, si une personne par exemple quittait le Québec pour aller travailler ailleurs au Canada, ou l'inverse.

Voyant l'impasse qui demeurait, nous avons décidé de mettre cette idée sur la table et nos vis-à-vis ont pensé qu'elle valait la peine d'être examinée sérieusement. Nous avons identifié les différences entre les deux propositions, celle du fédéral et celle du Québec. Les plus importantes avaient trait au financement. Pour le reste, il était toujours possible d'ajuster les types de prestation. Nous avons fait un compromis: nous avons accepté de mettre sur pied un régime un peu moins agressif au niveau de la capitalisation; le fédéral a accepté le principe d'un régime avec capitalisation. Nous nous sommes entendus sur ce point et le reste a suivi. Nous avons discuté des grandes modalités du régime et, lorsque nous sommes repartis vers dix-huit heures, après une journée de discussions fructueuses, nous avions une entente de principe. C'est assez étonnant quand on constate les interminables discussions qui ont cours aujourd'hui...

Une entente de principe qui a été entérinée par les gouvernements?

Oui. Quand nous sommes revenus à Québec, Claude Morin et moi avons préparé un rapport qui a été présenté dans le plus grand secret au Cabinet. L'entente a également été présentée au Cabinet fédéral. Il paraît que madame Lamarsh, qui avait été tenue à l'écart de toutes les discussions, a fait une scène épouvantable, a menacé de démissionner... Le dossier lui a d'ailleurs été retiré à cette occasion.

De part et d'autre, l'entente a été acceptée. Nous avions là un élément de déblocage possible pour les autres dossiers litigieux. Il devenait en effet plus facile et pour le Québec et pour le fédéral de faire certains ajustements à leurs positions; un accord fut également conclu sur la plupart des autres points. Le tout fut rendu public. Ce fut un grand succès. C'est là, je crois, une des plus belles heures du fédéralisme canadien et, surtout, des rapports du Québec avec le fédéral et les autres provinces.

Monsieur Castonguay, n'est-ce pas là l'exemple parfait d'un fédéralisme asymétrique qui, par la suite, a été complètement refusé?

Eh oui! Et c'est malheureux! Nous venions de faire la démonstration que cela pouvait se faire sans retarder le progrès, sans détruire le pays.

Personnellement, j'ai ressenti à ce moment-là une grande satisfaction. Évidemment, j'étais très jeune. En 1964, j'avais trente-cinq ans. J'ai été invité, avec Claude Morin, à aller dîner chez monsieur Pearson, en compagnie de son chef de Cabinet, pour célébrer notre entente. Au Québec, on m'a confié la préparation de la législation provinciale, les discussions avec le fédéral sur tous les détails. J'ai mené tout cela à bon terme, ainsi que la préparation des deux projets de loi. Les lois fédérales et québécoises ne sont pas rédigées de la même façon; je devais m'assurer que le tout était bien harmonisé, malgré les techniques de rédaction différentes.

Quand la conception définitive de la Caisse de dépôt fut présentée, un petit groupe a été créé pour la mettre sur pied. On m'a invité à en faire partie, avec maître Pigeon, responsable de la législation, Jacques Parizeau, conseiller de monsieur Lesage sur le plan économique, et quelques autres personnes. Ce fut une expérience extraordinaire pour moi, une époque de très grandes satisfactions.

Il y a une chose qui, à mon avis, n'est pas toujours bien comprise. Lorsque vous avez élaboré ce système, vous le faisiez, si on peut dire, dans une perspective semblable à celle de l'entreprise privée: une assurance, un régime de rentes avec capitalisation, donc avec de l'argent que l'on fait fructifier.

Exactement.

Or, quand on regarde les débats d'aujourd'hui, il paraît paradoxal de constater que le Canada anglais allait à cette époque dans la direction inverse à celle qu'il semble prendre aujourd'hui.

Il faut dire que le gouvernement fédéral de l'époque allait dans la logique qui prévalait dans les autres pays anglophones. Le régime de sécurité sociale des États-Unis n'était pas capitalisé. C'était la même chose en Angleterre, si ma mémoire est bonne. On craignait que, placé entre les mains d'un gouvernement, ce réservoir de capitaux puisse devenir très dangereux. Il nous fallait donc, au Québec, dépasser ces craintes et isoler le plus possible la Caisse de dépôt de l'influence politique. Heureusement, nous disposions d'un excellent exemple, celui de la Caisse de dépôt française créée, je crois, sous le règne de Napoléon, au tout début du XIXe siècle. Celle-ci a réussi, malgré les nombreux changements et régimes qui se sont succédé, à maintenir son indépendance vis-à-vis du pouvoir politique. Nous avions là un bon modèle. La Caisse de dépôt du Québec a, dans une bonne mesure, était calquée sur la Caisse de dépôt et de consignation française.

Un jour, dans une rencontre, j'ai eu la surprise de constater que de nombreuses personnes des autres provinces enviaient l'existence de la Caisse de dépôt du Québec, chose que l'on ne perçoit pas dans les discours politiques...

Le gouvernement fédéral avait choisi à l'époque de prêter de l'argent aux gouvernements des provinces pour financer leur déficit ou leurs besoins d'emprunts...

... au prorata de leurs contributions.

... ou du montant accumulé par leurs citoyens.

Finalement, le gouvernement actuel, avec le ministre Paul Martin, vient d'adopter une loi pour la création d'une caisse de dépôt fédérale.

Claude Castonguay, cela vous permet de dire: «J'avais raison!»

Ce n'est pas moi qui ai conçu la Caisse de dépôt québécoise. Mais j'ai fait le nécessaire pour que le réservoir de capitaux existe pour la naissance de la Caisse. J'ai aussi participé aux travaux qui ont conduit à la construction d'une caisse de dépôt isolée du pouvoir politique.

Cette victoire, ce compromis rendu possible avec Ottawa, a-t-il créé des attentes qui ont pu conduire à certaines prises de position par la suite? Aviez-vous prouvé que le fédéralisme asymétrique pouvait fonctionner? Cet événement a-t-il marqué le reste des relations entre Québec et Ottawa?

Évidemment, je pense que cela a été considéré comme une victoire du Québec. En même temps, comme vous le dites, c'était vraiment une victoire du fédéralisme bien pensé. Le fédéralisme, en effet, suppose deux ordres de gouvernement, chacun travaillant dans ses domaines de juridiction, en collaboration, dans toute la mesure du possible. Je voyais cela comme une étape extrêmement positive dans l'évolution du fédéralisme.

Cette entente a encouragé les Québécois, Jean Lesage et son gouvernement, à aller plus loin. Ils ont peut-être, à un moment donné, manqué de mesure en ambitionnant quelque peu, tentant de la reproduire dans des domaines où la collaboration aurait davantage été de mise. On a durci les positions, pensant que c'était la façon de faire fléchir l'autre. Les rapports se sont tendus, surtout avec l'arrivée du premier ministre Trudeau.

LE RÉGIME D'ASSURANCE-MALADIE

▒ *Vous vous êtes retrouvé au bon endroit au bon moment. Vous avez proposé vos services à Jean Lesage pour travailler dans un domaine où vous aviez peu d'expertise... vous vous êtes fait connaître, et on vous a invité à mettre sur pied l'assurance-maladie du Québec.*

On m'a invité, dans un premier temps, à présider une commission d'enquête sur la santé et le bien-être social. Il y avait alors de nombreux problèmes dans le domaine de la santé. Je peux vous en glisser quelques mots, si vous le désirez.

▒ *Oui, je me rappelle d'ailleurs en avoir connu quelques-uns.*

Il y avait d'abord un grand problème au niveau de l'accès de la population aux services de santé. En 1961, on avait mis sur pied l'assurance-hospitalisation, qui assurait la gratuité des soins hospitaliers. Cependant, les coûts s'étaient avérés beaucoup plus élevés que prévu. Dans la première année, je crois que les coûts de l'assurance-hospitalisation du Québec avaient été trois fois plus élevés que prévu, et ont doublé de nouveau l'année suivante.

▒ *Vous faites une différence entre l'assurance-hospitalisation et l'assurance-maladie. L'assurance-hospitalisation ne couvrait pas les frais médicaux, mais seulement le séjour à l'hôpital.*

Oui, de même que certains services qui y étaient reliés, comme la radiologie, les médicaments reçus pendant une période d'hospitalisation, etc. Mais les honoraires médicaux n'étaient pas couverts.

L'introduction de l'assurance-hospitalisation s'est faite de façon très «amateure», ce qui entraînait des problèmes. De plus, la partie hospitalisation des soins n'est qu'une partie des soins médicaux. Les unités sanitaires étaient nettement dépassées. L'accès aux soins courants était très inégal. Il y avait de gros problèmes au niveau de la prévention, sur le plan de l'organisation professionnelle, également. Les gens n'avaient plus confiance dans le Collège des médecins. La confusion régnait entre le rôle du syndicat et celui du Collège. Un certain nombre de groupes souhaitaient être reconnus et devenir des corporations pour l'exercice de divers aspects des soins de santé.

À la défaite du gouvernement de Jean Lesage, Daniel Johnson a pris le pouvoir. Dans les semaines qui ont suivi, les employés des hôpitaux ont déclenché une grève. Cette grève très dure s'ajoutait aux autres problèmes auxquels était confronté le monde de la santé. Le premier ministre Johnson, croyant que j'étais un fonctionnaire, m'a fait venir pour discuter de la question et voir ce que j'en pensais. Il m'a demandé si j'acceptais de continuer mon travail avec le gouvernement. «Bien sûr, en tant que consultant, je ne demande pas mieux!» Il m'a demandé comment je percevais la situation et ce qui me semblait possible de faire pour y remédier. Il était confronté au problème de la grève.

Après consultation d'Yves Pratte, nommé négociateur du gouvernement pour tenter de mettre fin à la grève, il m'est apparu clair que le problème était beaucoup plus profond que ce simple arrêt de travail des employés des hôpitaux. J'ai déclaré à Daniel Johnson qu'à mon avis il devrait faire comme cela avait été fait pour l'éducation et créer une commission d'enquête pour voir un peu plus clair dans tout cela, susciter une certaine réflexion et certains débats au niveau public et tenter d'identifier des orientations susceptibles d'être acceptées. Cela lui permettrait aussi de gagner un peu de temps et d'y voir un peu plus clair. Johnson a accepté et m'a demandé de préparer un projet. La commission d'enquête a finalement été mise sur pied au cours de l'automne 1966; Daniel Johnson avait été élu en juin de la même année.

Daniel Johnson a eu, pour se faire élire, un discours politique d'une certaine dimension. Alors que certains le considéraient comme un frein potentiel au vent de réforme lancé par le gouvernement précédent, il a cependant eu le mérite de poursuivre les réformes. Il est allé vers cette réforme de l'assurance-maladie. On n'attendait pas cela de Daniel Johnson.

En fait, quand une personne accède à la fonction de premier ministre, on ne sait jamais à l'avance comment elle va se comporter. C'est la même chose dans tous les régimes. Nous avons parlé tout à l'heure de Harry Truman. Nous pouvons mentionner le cas d'Anthony Eden, en Angleterre, que tout le monde voyait comme le successeur idéal de Winston Churchill. Son accession au titre de premier ministre fut un désastre! Nous avons aussi des exemples ici même, au Canada. Je pense par exemple à madame Kim Campbell qui, lorsqu'elle a été désignée par Brian Mulroney, semblait être très populaire. On a vu ce qui s'est produit par la suite...

Dans le cas de Daniel Johnson, je dirais que l'inverse s'est produit. Comme chef de l'opposition et comme ministre, il n'avait pas la meilleure des images dans le public. Il a grandi en accédant à la fonction de premier ministre. Il a fait preuve de beaucoup de générosité et d'ouverture. Il a accepté de poursuivre dans la lancée du gouvernement précédent, mais de façon un peu plus nuancée et moins provocante. Sous Jean Lesage, nous avons connu une sorte de politique de grandeur à la de Gaulle. Daniel Johnson, en revanche, a adopté une attitude beaucoup plus tempérée qui, je pense, était nécessaire à ce moment-là.

■ *Lorsque vous avez accepté de présider la commission d'enquête sur la santé, saviez-vous que cela pouvait vous conduire à la politique active?*

Pas du tout. D'abord, Daniel Johnson était un homme très habile qui possédait un excellent flair politique. Il a pensé qu'il serait bien vu de placer à la tête de la commission un jeune identifié au régime précédent. En même temps, il a pris soin d'y nommer aussi des gens d'allégeance conservatrice. Il y avait donc un certain équilibre parmi les membres de la commission. J'ai trouvé extrêmement difficile par moments de concilier mes façons de voir, et celles d'autres membres, avec celles des personnes plus conservatrices de la commission. Je n'avais certes pas le loisir de penser aux ouvertures que pourrait créer ma participation à cette commission, mes préoccupations principales étant d'en arriver à un rapport intelligent sur lequel les membres seraient le plus unanimes possible. Le président d'une commission d'enquête n'a aucune influence: il préside aux discussions, mais ne peut imposer ses vues. Les membres ont toujours la possibilité de présenter des rapports minoritaires. Ce fut toute une entreprise, et je dois dire que ce fut probablement la période la plus difficile de toute ma vie professionnelle: tenter de créer l'unanimité parmi un groupe avec des expériences et des points de vue aussi différents. C'est vraiment la période de ma vie où j'ai été le plus inquiet, parfois découragé, ne voyant pas comment nous pourrions nous en sortir avec quelque chose de sensé et de cohérent.

Comment êtes-vous parvenu à ce que les choses aillent dans le sens que vous le souhaitiez?

À force de discuter, de consulter, de tenter d'en arriver à des positions qui ralliaient les points de vue de tous les membres.

Mais il y avait des intérêts importants en jeu. Les plus jeunes ne peuvent s'imaginer les affrontements, les conflits d'intérêt présents dans cette situation. Je pense par exemple aux médecins...

C'était la fin de la médecine traditionnelle, de la médecine purement libérale. C'était effectivement le problème le plus profond. Nous nous dirigions non seulement vers l'assurance-maladie, mais également vers une réforme des services de santé dans le but de les rendre accessibles, pour que partout, sans égard aux moyens des gens, les services soient disponibles. Des écarts énormes existaient. Dans certaines parties de Montréal, les taux de mortalité infantile étaient très élevés, les gens n'avaient accès à aucun service de qualité. Pas très loin de là, on retrouvait ce qui se faisait de mieux au monde comme médecine dans les hôpitaux affiliés à l'Université de Montréal et à l'Université McGill. Dans certaines régions, la qualité des soins laissait grandement à désirer. Le défi était de taille: rendre les soins accessibles partout, à un niveau de qualité acceptable, et attaquer les problèmes que la médecine libérale n'était pas en mesure d'affronter.

Comment peut-on évaluer la situation par rapport à aujourd'hui?

Je vois aujourd'hui le docteur Jacques Genest qui rêve encore à la médecine libérale... Il oublie les grandes limites de ce type de médecine. Même s'il y avait à l'époque une section pour les pauvres à l'hôpital Notre-Dame, dans certains quartiers de Montréal, le taux de mortalité était trois ou quatre fois plus élevé qu'ailleurs, en lien avec le niveau de revenu. La médecine libérale était impuissante devant ces énormes problèmes. Des changements en profondeur s'imposaient donc, non seulement par rapport aux médecins eux-mêmes, mais également dans toute l'organisation des services de santé.

Plusieurs recommandations de la commission sont aujourd'hui remises en question. Avec le temps, considérez-vous avoir été trop loin dans la réforme de la santé au Québec?

Nous avons conçu un régime qui correspondait aux besoins, aux ressources, aux façons de faire et de penser de l'époque. Je pense que ce régime a été un grand succès. Il a apporté de grandes améliorations dans l'accessibilité aux soins et dans l'état de santé des Québécois. À un point tel que les Québécois l'ont longtemps considéré comme une réussite et en étaient très fiers. On affirmait que c'était le meilleur système de santé au monde... De nombreuses délégations du monde entier sont venues voir ce qui se passait ici. La réforme apportait en effet plusieurs aspects innovateurs. Nous avons mis sur pied des départements de santé communautaire en région. Nous avons créé des CLSC, en faisant un lien entre la santé et son aspect social.

La réforme a été une très grande réussite qui, malheureusement, a été victime de son succès. Elle est devenue comme une espèce de vache sacrée qu'il était interdit de toucher. La réglementation, la bureaucratie, les fonctionnaires se sont installés. On a créé toutes sortes de structures; aujourd'hui, nous nous retrouvons avec dix-neuf régies de la santé! Au moment de la commission, je n'en voyais que trois... Le régime s'est en quelque sorte sclérosé. Il n'a pas évolué avec les besoins et les attitudes des Québécois. Une fois atteint l'objectif d'accessibilité universelle aux soins, il me semble qu'on aurait dû se préoccuper davantage de l'évolution du régime par rapport aux besoins de la population, aux changements dans les façons de faire. Au contraire, le régime s'est ancré et est devenu presque intouchable. La bureaucratie a pris de plus en plus d'importance, démotivant progressivement le personnel. Les syndicats ont fait leur apparition; les conventions collectives sont devenues de plus en plus contraignantes. Aujourd'hui, il est clair que le système nécessite des changements profonds. Mais il est impossible de prévoir, trente-cinq ans à l'avance, l'évolution de la société.

La bureaucratisation du régime est, je pense, bien visible aujourd'hui. Vous ne l'aviez pas prévue.

Non, pas du tout. Je dois ajouter que les personnes qui se plaignent le plus de cette bureaucratisation avaient, il me semble, la responsabilité de réagir en temps opportun. Mais ils se sont plaints, sans vraiment réagir aux transformations de la société. Personne ne pouvait prévoir la profondeur des changements que nous avons vécus dans la société, non seulement au Québec mais partout ailleurs. Le régime de soins de santé a cependant continué de fonctionner dans le même cadre, comme si rien ne s'était produit. Il est clair que l'écart entre le monde dans lequel nous vivons aujourd'hui et le régime tel qu'il est conçu va grandissant.

Dans le discours actuel, il est souvent question de médecine à deux vitesses. À l'origine, quand vous avez développé le système de santé au Québec, vous avez refusé une telle pratique de la médecine. Craignez-vous qu'avec les changements qui se préparent on en arrive à un système à deux vitesses?

Dans nos sociétés démocratiques, les problèmes se règlent à l'occasion de crises. C'est malheureux, mais c'est souvent le cas. Lorsque tout va raisonnablement bien, la population en général favorise le *statu quo*; elle élit des gouvernements qui ne feront pas trop de vagues. Les choses vont bien, pourquoi les changer? À partir de crises apparaissent des solutions de déblocage, mais qui souvent vont à l'opposé de ce qui existait auparavant.

Si nous laissons la situation se détériorer davantage dans le domaine de la santé, un éclatement risque de se produire. Une réaction très forte pourrait alors conduire à l'apparition d'un système à deux vitesses. Certains éléments d'un tel système ont d'ailleurs déjà fait leur apparition. Il me semble qu'il serait préférable de reconnaître cette réalité et d'essayer de voir les changements qui pourraient être apportés pour corriger la situation.

Ce que nous vivons ici, les autres pays développés le vivent également. Il est intéressant d'examiner ce qui se fait ailleurs, en Europe, surtout, en Angleterre, en France, en Allemagne, dans les pays scandinaves. Ces pays ont pris certaines initiatives très intéressantes. Ils ont mis sur pied, pour l'offre des services médicaux, un partenariat avec le secteur privé — pas dans l'accessibilité aux services, mais dans l'offre; les conditions d'accès sont les mêmes pour tous. Ils ont également imaginé des soupapes pour permettre au système de mieux évoluer, en introduisant par exemple des mécanismes de concurrence interne pour créer davantage d'émulation; des systèmes de rémunération qui motivent davantage les administrateurs à être efficaces et à mieux utiliser les ressources; des systèmes de rémunération plus satisfaisants pour les médecins, etc. Nous n'avons pas fait ce genre de choses ici.

Vous savez, Monsieur Castonguay, qu'il y a aujourd'hui des secteurs de la médecine où l'accessibilité n'est pas la même pour tout le monde: ceux qui en ont les moyens peuvent avoir accès à des services plus rapidement que les autres. Ce n'est pas ce que vous proposez de mettre en œuvre lorsque vous parlez d'une forme de privatisation.

Mais non! Et c'est justement pour que nous sortions d'une telle situation. Ce que vous décrivez se produit en réaction aux coupures: les ressources financières n'étant plus là, on rationne les services. On a fermé des hôpitaux, on limite le nombre de médecins et le nombre d'actes qu'ils peuvent poser qui sont rémunérés à même les fonds publics, etc. Pendant ce temps, la population vieillit et la demande augmente. Se créent alors, par des moyens informels, des soupapes qui permettent de subir certains types d'examens dispendieux dans le secteur privé. En payant, on peut être soigné plus rapidement que dans le secteur public.

Comme les ressources publiques ne suffisent plus à répondre à la demande, on devrait inviter l'entreprise privée à s'impliquer davantage, mais en s'assurant qu'on ne crée pas de conditions qui favorisent un groupe aux dépens d'un autre. C'est possible: certaines formules ont été développées en Europe et fonctionnent très bien.

Trouver un équilibre pour faire en sorte que les services soient offerts, par le biais d'entreprises privées, mais sans jamais altérer la possibilité qu'un individu, quelle que soit sa fortune personnelle, puisse avoir accès à des soins de qualité.

Au contraire. Il faut tenter, par une plus grande offre de services, d'enlever un peu de pression sur le régime purement public et en faciliter l'accès. Je vais vous donner des exemples dans d'autres domaines.

Prenons l'aéroport de Montréal. Financé par le ministère fédéral des Transports, il était en voie de devenir un aéroport de troisième ordre. La création d'une nouvelle corporation lui a donné la possibilité d'aller chercher des capitaux privés, de se gérer et de développer les installations. Il reste encore quelques problèmes; le tout ne se fait pas du jour au lendemain. Il n'en demeure pas moins qu'aujourd'hui nous disposons d'un aéroport moderne et efficace, comparable à bien des aéroports un peu partout à travers le monde. Contrairement au passé où le gouvernement fédéral devait investir pour maintenir notre aéroport presque de troisième ordre, aujourd'hui il en retire des revenus. C'est tout un changement!

Un autre exemple: le monopole des postes. On a vu, à une certaine époque, que le service postal s'était grandement détérioré. D'accord! Laissons accéder au marché des entreprises spécialisées dans le transport du courrier pour entrer en compétition avec le service de Postes Canada. Aujourd'hui, il existe plusieurs formes de courrier. Cette entrée de l'entreprise privée a mis de la pression sur Postes Canada et la qualité du service des postes canadiennes s'est grandement améliorée. Et si vous n'en êtes pas satisfait, il est toujours possible d'utiliser un transporteur privé.

Prenons un autre exemple: le téléphone. Tant qu'existait le monopole, vous deviez accepter ce que Bell Canada vous offrait. Aujourd'hui, pour les interurbains, pour le service aux particuliers ou aux entreprises, le monopole n'existe plus. Je crois que tout le monde y gagne: des interurbains à prix raisonnables sont disponibles à toute heure, les entreprises ont accès à des services téléphoniques moins coûteux, etc.

Mais l'ensemble des gens vous diront que le service téléphonique de base coûte plus cher aujourd'hui pour l'ensemble de la population.

... parce qu'il était autrefois subventionné par l'interurbain, alors qu'aujourd'hui nous en payons le prix réel.

Je vous donne un autre exemple. Avant l'instauration de l'assurance-médicaments, la situation au Québec était la suivante. Les bénéficiaires d'aide sociale n'avaient pas à payer leurs médicaments, ils étaient couverts par l'État. Même chose pour les personnes âgées, jusqu'à ce qu'on leur fasse payer deux dollars par prescription. Entre les deux, les personnes qui ne bénéficiaient pas d'une assurance privée avec leur employeur n'avaient aucune couverture. C'était le cas d'environ un million deux cent mille personnes. Parmi ces gens, on retrouvait des personnes souffrant de maladies graves comme la sclérose en plaques ou des problèmes rénaux exigeant une dialyse, pour lesquels le coût des médicaments est très élevé. Certaines de ces personnes étaient plus ou moins couvertes par un système assez informel, mais la plupart n'avaient aucune couverture. Un million deux cent mille personnes!

Le gouvernement actuel, du Parti québécois, avait promis un régime d'assurance-médicaments. S'il avait mis sur pied un régime public d'assurance, comme c'est le cas pour l'assurance-maladie, la dépense publique aurait été d'environ un milliard de dollars. Dans le contexte actuel où le gouvernement doit couper dans tous les secteurs, même dans la santé, il était impensable d'envisager un tel régime. Comme personne dans l'entourage du gouvernement ou dans la fonction publique n'arrivait à trouver une solution, on est à nouveau venu me voir. Ça peut vous paraître étrange — je ne veux pas me vanter, ce n'est pas le but de l'exercice... Jacques Parizeau et Jean Rochon sont venus me rencontrer et m'ont demandé: «Est-il possible d'instaurer un régime d'assurance-médicaments? — Oui, si c'est dans le cadre d'un partenariat entre le secteur public et l'entreprise privée.» Comme ils étaient liés par leur promesse, ils m'ont demandé de développer un projet.

Un partenariat entre les compagnies d'assurance et le secteur public.

Oui. Nous avons alors développé un régime où, aujourd'hui, toute la population est couverte. Ce régime est beaucoup plus équitable. En effet, les gens comme moi qui, à soixante-cinq ans ou plus, avaient un bon revenu, ne payaient pas leurs médicaments. Aujourd'hui, ils doivent en payer une partie. Les bénéficiaires d'aide sociale, où il semblait y avoir certains abus de médicaments, sont appelés aujourd'hui à en payer une petite partie, ce qui a des effets assez intéressants. Et le million deux cent mille personnes qui ne disposaient d'aucune couverture sont désormais couvertes par le régime d'assurance.

Pour ce qui est des assureurs privés, nous leur avons dessiné un cadre de fonctionnement. Désormais, ils ne peuvent plus exclure une personne en raison de son état de santé. Avant, dans la plupart des cas, ils couvraient les médicaments jusqu'à une certaine limite de mille ou deux mille dollars par année; au-delà de ce plafond, les gens n'avaient plus de couverture. «Vous êtes des assureurs, vous allez assurer les gens. S'ils sont malades, vous allez payer leurs médicaments.» Pour que les petits assureurs ne se retrouvent pas en mauvaise posture, nous avons demandé qu'au-delà d'un certain montant ils constituent un *pool* et répartissent les coûts sur tous les autres. Nous avons donc établi un certain nombre des règles que l'entreprise privée a acceptées. Aujourd'hui, le régime fonctionne. Tous les Québécois ont accès à une assurance-médicaments.

Le régime a soulevé certaines critiques, parce que, dans le contexte de coupures budgétaires, le gouvernement a demandé aux gens de payer des primes à des niveaux peut-être un peu plus élevés que ce qui serait souhaitable. Mais c'est là le résultat d'un compromis. Doit-on laisser un million deux cent mille personnes sans couverture pour couvrir plus généreusement ceux et celles qui sont couverts — comme les bénéficiaires d'aide sociale — ou bien doit-on couvrir tout le monde, quitte à demander un certain effort à tous, même à ceux qui n'ont pas un revenu très élevé? Le régime actuel est le résultat d'un compromis.

Vous avez fait ce que vous refusiez de faire trente ans plus tôt en excluant de l'assurance-maladie les assureurs privés. Seriez-vous tenté de dire qu'aujourd'hui nous devrions calquer l'assurance-maladie sur l'assurance-médicaments?

Comme je l'ai dit précédemment, ce que nous avons fait en 1970 répondait aux conceptions, à la situation et aux besoins de l'époque. Nous sortions de la médecine libérale. Si on voulait que le gouvernement fédéral finance la moitié du système, la loi fédérale interdisait à toutes fins pratiques le ticket modérateur. De plus, si on introduisait un échange d'argent entre médecin et patients, la crainte était de tomber dans un système où les gens plus fortunés auraient donné bien plus que le montant du ticket modérateur dans le but d'être soignés plus rapidement. Nous avons choisi de supprimer tout paiement, de sorte que tous soient sur le même pied. Maintenant que l'accès est universel, que plusieurs jeunes médecins accèdent à la pratique, la question des frais modérateurs se pose différemment aujourd'hui.

Pourriez-vous envisager un système de santé mixte, public et privé, un peu comme ce qui se fait avec l'assurance-médicaments?

Je vous ai dit ce que je pensais du ticket modérateur. Je crois cependant que son introduction dans les soins médicaux ne réglerait pas les problèmes du système actuel.

Mais, à mon avis, une plus grande participation du secteur privé pourrait grandement aider à améliorer la situation. Je vous donne un exemple. Vous avez aujourd'hui de nombreuses cliniques médicales, qui sont en fait essentiellement des bureaux de consultation. Généralement, dès qu'on en arrive aux soins proprement dits, tout est concentré à l'hôpital. Dans les conditions actuelles de la médecine, avec la médecine et la chirurgie d'un jour, etc., les interventions pourraient très bien se faire dans des cliniques bien organisées, et où les ressources exigées seraient bien moins grandes que dans les hôpitaux. Les cliniques privées de médecins pourraient attirer des capitaux autres que les fonds publics pour le développement de réseaux bien structurés. Cela soulagerait les hôpitaux d'une pression énorme, exigeant moins de ressources financières au niveau des hôpitaux. Les CLSC pourraient continuer à jouer leur rôle au niveau de la prévention, des soins communautaires, des soins à domicile. Les cliniques privées deviendraient le réseau de soins dits légers, ne nécessitant pas d'hospitalisation. Les hôpitaux conserveraient leur statut public, où tous seraient traités sur le même pied, mais avec une plus grande facilité d'accès parce qu'on les aurait soulagés d'un grand nombre de fonctions. C'est ce qui se dessine en Europe. C'est l'orientation que, à mon avis, nous devrons prendre à long terme.

Monsieur Castonguay, si moi, par exemple, j'ai le moyen de me payer une assurance privée, j'aurai la possibilité de me faire soigner rapidement dans une clinique privée, et une autre personne qui n'a pas les mêmes moyens ne le pourrait pas?

Non. Non. Ce que je vous décris ici ne change en rien l'accessibilité aux soins du point de vue du patient. Au lieu de tenter de créer des centres de soins ambulatoires, d'essayer de soulager les urgences en raccourcissant les chirurgies électives, le gouvernement pourrait s'asseoir avec le secteur privé et se demander: comment pourrait-on développer des cliniques privées dans lesquelles tous seront admis aux mêmes conditions et où l'on pourra faire bien plus que ce qui s'y fait présentement? Cela coûterait joliment moins cher que dans les hôpitaux qui sont pris avec des conventions collectives, un tas de personnel administratif, des définitions de tâche très rigides... Dans un département, les employés sont surchargés; juste à côté, la charge de travail est assez limitée, mais les gens ne peuvent s'entraider parce que la convention collective l'interdit... Le fonctionnement de ces cliniques privées serait beaucoup plus souple, beaucoup plus efficace et bien moins coûteux.

Une dernière question: en disant cela, n'avez-vous pas l'impression de trahir la philosophie de votre rapport des années soixante?

Pas du tout. La situation évolue. Dans tous les domaines, on fait les choses de façon différente de ce qui se faisait il y a trente ans. Prenez par exemple le domaine de la production pour des chaînes de télévision comme Radio-Canada. La sous-traitance est de plus en plus utilisée. Au lieu d'équipes énormes, ce sont de petites entreprises privées qui produisent toutes sortes d'émissions.

Est-ce que ça coûte moins cher?

Je le crois. De toutes façons, le gouvernement n'a plus les ressources pour satisfaire tous les besoins. Et il en aura de moins en moins, car il doit réduire la fiscalité, diminuer le taux de taxation au Québec. Il faut donc développer de nouvelles façons de faire. Il n'y a rien de pire, à mon avis, que de dire: parce qu'une chose était bonne il y a trente ans, elle est encore bonne aujourd'hui, même si le contexte, la technologie, les besoins ont changé... continuons donc de la même manière! C'est totalement contraire à ma façon de penser.

La politique… par devoir

Monsieur Castonguay, en 1969 ou 1970, j'ai l'impression que vous avez eu peur que le gouvernement en place laisse en plan le rapport de votre commission d'enquête sur la santé et que cela vous a amené à prendre une décision très importante, celle de vous lancer dans la politique active.

Cette crainte était effectivement présente, et justifiée, l'histoire le montrait bien. De plus, je voyais là pour moi l'opportunité de faire quelque chose de constructif. Comme je vous l'ai dit tout à l'heure, c'était une des motivations qui m'animaient: essayer de contribuer de façon significative au monde qui m'entoure. Ces deux éléments ont pesé lourd dans ma décision.

Cette décision de vous lancer en politique active a-t-elle été difficile à prendre?

Oui, évidemment. C'était pour moi tout à fait nouveau, je n'y avais jamais pensé. J'ai eu à peine quelques jours pour prendre une décision. Jean-Jacques Bertrand était devenu premier ministre suite au décès de Daniel Johnson. Après

Certains membres du Cabinet de Robert Bourassa en 1970

Le premier Cabinet de Robert Bourassa comprend plusieurs ministres qui bifurqueront par la suite vers le monde des affaires. Outre Claude Castonguay, qui deviendra président du Groupe La Laurentienne, mentionnons Raymond Garneau, aux Finances, qui deviendra président de l'Industrielle-Alliance et Guy Saint-Pierre, à l'Éducation, qui deviendra plus tard président de SNC Lavalin.

Liste des principaux acteurs politiques

Lorsque Claude Castonguay accepte de faire le saut en politique, le paysage a considérablement changé. Lester B. Pearson et Jean Lesage, qui ont marqué les années 60, ont cédé leur place à Pierre Elliott Trudeau et Robert Bourassa. René Lévesque n'est pas élu, mais le Parti québécois fait partie de l'opposition à Québec, avec sept députés. À Montréal, après le succès d'Expo 67, le maire Jean Drapeau se donne un nouveau grand défi: les Jeux olympiques de 1976. Place aux années 70!

l'élection de Robert Bourassa à la tête du Parti libéral, il a décidé de précipiter la tenue d'élections. La campagne électorale étant lancée, Robert Bourassa a eu peu de temps pour faire du recrutement. Jean Lesage, qui était demeuré député jusqu'à la fin de son mandat, quittait son comté dans lequel j'habitais. Bourassa et Lesage m'ont donc demandé de me présenter dans le comté de Louis-Hébert. Lesage s'assurait ainsi que le poste serait comblé à sa satisfaction, et Bourassa sollicitait ma participation, avec en tête le ministère de la Santé. J'ai dû prendre ma décision au cours d'une fin de semaine.

Tout ce que nous venons de voir de vous, Claude Castonguay, c'était l'expert dans son domaine, l'actuaire consultant du gouvernement pour le Régime des rentes ou pour l'assurance-maladie. Mais le Claude Castonguay qui se lance en politique active est bien différent!

Quand j'ai créé mon bureau d'actuaire, je prenais un grand risque. J'avais une famille, deux enfants, et pas d'argent! J'ai quitté mon emploi pour me lancer dans cette aventure. Nous ignorions si nous aurions des clients, il n'y avait aucune étude de marché... il n'y avait pas de marché! Je prenais un

Monsieur le ministre Castonguay
et sa famille,
printemps 1970.

premier risque. Lorsque je me suis présenté auprès de monsieur Lesage pour faire le travail sur le Régime des rentes, je n'avais aucune expérience en la matière. Si cela s'était avéré un échec, j'aurais vécu tout le reste de ma carrière sous le coup de cet échec. Il y avait là aussi un risque.

Monsieur Castonguay, il y avait un risque, mais vous étiez «assis», si vous me permettez l'expression, sur un talent, une connaissance, une profession.

Oui, mais ce n'était pas uniquement un travail technique. Je débordais inévitablement dans le monde politique. Quand j'ai accepté, à trente-cinq ans, de présider la commission d'enquête pour la réforme de la santé, je prenais aussi un risque. Le tout aurait très bien pu se solder par un échec si je n'avais pas réussi à établir un consensus au sein de la commission. Nous aurions pu nous retrouver avec un rapport rempli d'opinions minoritaires, sans aucune crédibilité. C'était un gros risque.

La décision de me lancer en politique active comportait évidemment un risque. J'ignorais si nous serions élus et comment je me débrouillerais dans ce monde-là, le cas échéant. C'était risqué, mais ce n'était pas la première fois que je prenais des risques!

Vous avez choisi d'encadrer votre décision: vous avez accepté, mais pour un mandat. Pourquoi? Est-ce votre façon habituelle de faire les choses?

Non. Tout d'abord, c'était une décision précipitée. Nous nous sommes dit, mon épouse et moi, qu'il était insensé de changer aussi brutalement l'orientation de toute une vie sous la pression des événements, après une réflexion de deux jours. Ce qu'on me proposait avait du sens. J'ai choisi de m'y engager, mais à la condition qu'après quatre ans nous prenions le temps d'évaluer la situation et de déterminer si c'était dans cette voie-là que je souhaitais continuer.

▒ *Vous n'aviez donc pas en vous, à ce moment-là, l'idée d'une carrière politique.*

Pas du tout.

▒ *Est-ce que ça peut avoir eu une influence sur votre attitude? En effet, vous avez toujours été considéré comme un ministre un peu à part. Le fait que vous ne rêviez pas d'une carrière politique vous permettait-il d'avoir une attitude différente de celle de vos collègues?*

J'imagine que c'était en effet le facteur le plus important. Tout en étant correct à l'endroit du parti et du gouvernement auquel j'appartenais, je n'avais pas la préoccupation de me faire réélire. Je faisais ce qui m'apparaissait le plus approprié, sans avoir à m'inquiéter du fait que cela pourrait peut-être nuire à une possibilité de réélection.

▒ *En revanche, on a pu vous considérer, dans le gouvernement Bourassa, comme un ministre aux allures de fonctionnaire. Était-ce un fardeau pour vous, une pression supplémentaire, ou est-ce que cela facilitait votre tâche?*

En fait, c'est la première fois que j'entends dire qu'on pouvait me voir comme un fonctionnaire. Je croyais avoir été parfois perçu comme un technocrate.

▒ *Effectivement, le terme «technocrate» serait peut-être plus approprié.*

Je ne sais pas si vous vous souvenez que ce gouvernement avait été accusé à plusieurs reprises de favoritisme. À ma connaissance, ces accusations étaient non fondées, ou l'étaient très peu. Probablement à cause de mon style quelque peu différent, j'étais devenu une sorte de caution morale du gouvernement. Je n'avais en effet aucune histoire dans ce parti — ma première carte de membre, je l'ai obtenue pour être admissible à l'élection! Bien des articles et éditoriaux ont été écrits au sujet de ce rôle de caution morale qu'on m'attribuait. Je trouvais ça difficile, parce que je n'avais ni le poids, ni le temps, ni les énergies — j'avais assez de mon ministère! — pour jouer ce rôle additionnel qu'on m'attribuait de l'extérieur. De toute façon, je dois dire que je n'avais pas le sentiment de faire partie d'un gouvernement qui souffrait d'un travers au plan du favoritisme. D'ailleurs, les accusations portées à cette époque se sont révélées fausses dans presque tous les cas.

▒ *Mais on vous a quand même vu, à un moment donné, prendre vos distances par rapport au parti. J'ignore si c'était volontaire ou provoqué par les événements. Je me souviens, pendant la crise d'Octobre, que vous êtes resté solidaire du gouvernement Bourassa, tout en tenant un discours qui se démarquait.*

C'est vrai, mais ce n'est pas tout à fait la même chose. Dans ce cas précis, j'étais effectivement mal à l'aise, mais je ne me suis pas désolidarisé. Ce n'était d'ailleurs pas le moment; nous traversions une crise et il était inutile d'affaiblir davantage le gouvernement. Mais il est vrai que je n'étais pas d'accord avec l'orientation que le gouvernement voulait adopter, l'espèce d'image forte qu'il tentait de projeter. Je croyais qu'on gagnerait davantage en tentant de comprendre ce qui se passait, en cherchant à discuter avec certains éléments et en dédramatisant la situation. Tout ce qu'on faisait m'apparaissait exagéré.

Chronologie des principaux événements de la Révolution tranquille

Il est peut-être possible de comprendre l'ampleur des bouleversements sociaux et politiques qui ont marqué les années 60, ce qu'on a appelé la Révolution tranquille du Québec, en jalonnant cette grande période par la liste des premiers ministres qui se sont succédé, de Maurice Duplessis à Robert Bourassa. Un tel recensement amplifie dans une certaine mesure le caractère tragique de cette période, car trois de ces premiers ministres, tous chefs de l'Union nationale, vont mourir en fonction.

La soif d'un changement profond ne naît pas avec la mort de Maurice Duplessis dans les grands espaces du Nord Québec en septembre 1959, après un règne ininterrompu de quinze ans (1944-1959), précédé d'un premier mandat à la fin des années trente. Mais la succession semble assurée par la présence de Paul Sauvé, un des ministres les plus populaires sous Duplessis. Mais le règne du premier ministre Sauvé ne dura que quelques mois. Il meurt subitement à l'aube de 1960.

Désemparée, l'Union nationale confie son destin à Antonio Barrette. Celui-ci ne survit pas au raz-de-marée de l'équipe du tonnerre de Jean Lesage qui marque le début d'un temps nouveau, les années 60.

Le «maîtres chez nous» de Lesage se transforme rapidement en grandes réalisations: nationalisation de l'électricité, création du ministère de l'Éducation, création du Régime des rentes du Québec et fondation de la Caisse de dépôt et de placement du Québec, modernisation de la fonction publique. Mais la grande marche de Lesage et de ses ministres les plus influents, les Lévesque et Gérin-Lajoie, se heurte à un mur aux élections de 1966. Daniel Johnson, ministre sans gloire sous Duplessis, devenu chef de l'opposition, ramène l'Union nationale au pouvoir.

Contre toute attente, malgré les discours contraires de sa campagne électorale, Johnson maintient les acquis de la Révolution tranquille. Il poursuit la réforme de la santé et de l'éducation. Mais il meurt prématurément en 1968, lui aussi dans l'isolement du Nord, au barrage de la Manicouagan. En deux ans, il aura eu le temps de modifier son image peu reluisante d'ancien ministre de Duplessis pour se donner des allures de chef d'État, aidé en cela par la France et la visite du général de Gaulle en 1967 dont la déclaration fracassante «Vive le Québec libre» marque l'histoire. Daniel Johnson est remplacé par Jean-Jacques Bertrand. Il n'aura pas le souffle nécessaire pour survivre à la crise linguistique de 1968 et à l'adoption du bill 63 qui accorde à tous le libre choix aux écoles anglaises.

La table est mise pour l'arrivée de Robert Bourassa à la tête d'une nouvelle équipe de jeunes technocrates dont fait partie Claude Castonguay au printemps de 1970.

Quelques mois plus tard, c'est la crise d'Octobre.

La crise d'Octobre

Vous semblez faire une distinction, dans votre réponse à la question précédente, au sujet de votre rôle de caution morale. Mais je me souviens, pendant la crise d'Octobre, que le fait que vous ne quittiez pas le gouvernement, que vous demeuriez solidaire, donnait au Parti libéral une caution morale, compte tenu du rôle que vous représentiez.

Oui, et c'était très dur. Je n'étais pas un militant de longue date, je n'avais pas de racines profondes dans le parti. Mes collègues au Cabinet, six mois plus tôt je ne les connaissais même pas. Ma présence était perçue de l'extérieur comme une caution morale, mais de l'intérieur ce n'était pas un rôle facile à assumer. D'autant plus qu'un gouvernement est composé d'êtres humains... Le fait qu'un des membres retienne l'attention du public n'est pas toujours bien vu de ses collègues!

J'ignore si vous maintenez ce que vous disiez à l'époque ou si vous avez changé d'opinion, mais lorsque vous avez pris la parole pour expliquer les causes profondes de la crise, votre discours était différent des autres. Vous cherchiez davantage à comprendre la situation qu'à condamner.

Oui, et si c'était à refaire, mon analyse serait la même. En regardant les problèmes de violence dans les grandes villes américaines, je referais la même analyse. La prolifération des armes, la construction de prisons — je pense qu'il y a aux États-Unis près de trois millions de prisonniers! — tout cela est tout à fait contraire à ma façon de voir. Toutes ces choses me semblent anormales.

Avec le recul, quelle analyse feriez-vous de la crise d'Octobre, de la loi des mesures de guerre?

Je pense qu'il est important de situer l'événement dans tout le contexte qui l'a entouré. Au début des années soixante, il y a eu à Montréal ce qu'on a appelé «l'épisode des bombes». Personne ne savait trop qui plaçait ces fameuses bombes. On soupçonnait que c'était le FLQ ou des éléments de cette nature. Certaines personnes ont été arrêtées puis relâchées, faute de preuves. Cet épisode a entraîné, au sein de la police de Montréal et de la Sûreté du Québec, un climat d'agressivité et de ressentiment; les policiers ne se sentaient pas appuyés. La Gendarmerie Royale n'avait aucune idée de ce qui se passait; nous n'avions pas, comme c'est le cas en France, de police politique. L'information était très mal transmise. Je me souviens, lorsque la crise s'est développée, d'une déclaration de Jean Marchand qui affirmait qu'il y avait près de deux mille membres du FLQ qui s'entraînaient dans le nord de Montréal! Qu'était au juste ce mouvement? Comment était-il organisé? Nous n'en savions rien.

De plus, le gouvernement était très jeune — Robert Bourassa avait trente-six ans. C'était une situation de taille à affronter pour un nouveau gouvernement. Lorsque la crise s'est cristallisée avec l'enlèvement de Cross, la police en a profité, à mon avis, pour semer un climat de panique terrible. Lorsque nous nous sommes réunis, comme Cabinet, au lendemain de l'enlèvement de Pierre Laporte, les dirigeants de la GRC, de la Sûreté du Québec et de la police de Montréal sont venus nous rencontrer. Ils nous ont présenté la façon de fonctionner des groupes terroristes. On nous a dit que lorsqu'ils enlevaient un otage et n'avaient pas gain de cause, ils le liquidaient et en enlevaient un autre. Je me souviens encore, ils nous ont dit: «À l'heure qu'il est, Cross est probablement découpé en morceaux, en train de se faire dissoudre dans un bain d'acide quelque part.» C'était sérieux! Et le siège de Pierre Laporte, à nos côtés, demeurait vide...

La police voyait là l'occasion de reprendre, à ses yeux, le contrôle de la situation et de laisser aller toutes les frustrations accumulées depuis une dizaine d'années, à partir de l'épisode des bombes à Montréal. Nous étions très mal informés.

▒ *Au point d'être manipulés, à votre avis?*

Eh bien! cela a créé un climat de panique dans toute la population, vous vous en souvenez sûrement. Je ne sais pas si on peut parler de manipulation, mais ce climat a créé une sorte de psychose. Ceux qui prêchaient en faveur d'une négociation avec les éléments terroristes n'étaient pas tellement écoutés. Ceux qui avaient la plus grosse voix au chapitre étaient des personnes comme le chef de Cabinet de Robert Bourassa, Paul Desrocher, qui avait déjà suivi une formation aux États-Unis, avec la CIA, je crois. Pour eux, il fallait employer la manière forte. Ça faisait trop longtemps qu'on laissait faire ces gens-là sans réagir. Le moment était venu d'intervenir.

«Finies les folies!» Mais les mesures de guerre?

Je dois dire que la façon dont les mesures de guerre ont été proclamées est assez extraordinaire. Au beau milieu de la crise, les syndicats ont joué un rôle assez curieux. Ils appelaient au désordre; ils étaient en train d'organiser une grande manifestation au Centre Paul-Sauvé. De plus, les médecins spécialistes étaient en grève. Comme gouvernement, nous avons conclu que cette grève était inacceptable et que la responsabilité de ces médecins était de rentrer au travail. Quel exemple donnaient-ils au reste de la société? Nous avons donc décidé d'adopter une loi ordonnant leur retour au travail. L'adoption d'une telle loi contre la moitié du corps médical, c'était assez inédit!

J'étais donc aux prises avec ce problème. J'ai présenté le projet de loi à l'Assemblée nationale. C'était un jeudi soir, je m'en souviens encore. Pendant le débat, Robert Bourassa a demandé à me rencontrer dans son petit bureau, juste à l'arrière de l'Assemblée nationale. Je suis allé le voir, mais je devais rapidement retourner à la Chambre, car le débat était en cours. Le premier ministre m'a dit: «Je veux simplement t'annoncer que l'armée arrivera à quatre heures demain matin, parce que nous sommes incapables de contenir la situation.» C'était la première fois que j'en entendais parler. Évidemment, je n'avais pas tous les rapports de police et mon rôle n'était pas de suivre tous les développements de cette affaire. Cette annonce m'a assommé. Je suis retourné à mon siège en Chambre et nous avons poursuivi le débat jusqu'à l'adoption, vers une heure du matin, d'une loi ordonnant aux médecins spécialistes de rentrer au travail. Mimi était venue assister au débat. Mon chef de Cabinet était avec moi. En sortant de là, je leur ai dit: «Allons manger une bouchée quelque part. J'ai quelque chose à vous annoncer.» En discutant avec eux, j'ai pris conscience de ce qu'une telle mesure pouvait signifier. Le lendemain, à notre réveil, l'armée était là. D'ailleurs, un soldat faisait déjà la garde devant la maison.

Tout cela a été très difficile. Dans les semaines qui ont suivi, pendant les discussions au Cabinet, j'argumentais en sens contraire. Il m'apparaissait dangereux de semer la panique, de raidir nos positions. D'ailleurs, Cross était toujours là, quelque part.

Un jour, il a été décidé que nous aurions un débat à l'Assemblée nationale sur la crise d'Octobre. J'ai dit au leader parlementaire, Gérard D. Lévesque, que je souhaitais intervenir. Mes collègues devaient se douter de ce que j'allais dire, car on m'a donné, pour intervenir, la pire heure possible: huit heures du soir, à la reprise des travaux de la Chambre.

Il faut rappeler qu'à l'époque les débats n'étaient pas télévisés.

Non, et c'était trop tard pour les informations de dix heures, impossible pour les journaux de cinq heures, probablement trop tard pour les journaux du lendemain matin! À huit heures, les gens n'étaient pas tous revenus, la galerie de la presse était généralement vide, les journalistes revenaient habituellement vers huit heures trente, neuf heures.

Je me suis donc présenté en Chambre à l'heure prévue. Lorsque j'ai pris la parole à huit heures, il n'y avait personne dans les galeries et seulement quelques députés en Chambre. J'ai parlé pendant près de quarante minutes. À la fin, les galeries étaient remplies, la galerie de la presse était pleine. Je me suis assis et les députés, non pas ceux de mon côté mais ceux de l'opposition, m'ont applaudi. Je vous dis que ça m'a placé dans une belle situation!

Qu'aviez-vous donc dit?

J'avais affirmé que la force et l'action policière n'étaient pas la solution, qu'il nous fallait rechercher les causes de ces problèmes et essayer d'agir sur ces causes. C'est en résumé ce que je leur avais dit. J'avais à mes côtés le ministre de la Justice, le plus ardent défenseur de la ligne dure. Robert Bourassa, de l'autre côté, était rouge comme une tomate. Tous mes collègues du gouvernement étaient immobiles... Ce n'était pas facile à vivre!

Vous aviez, à ce moment-là, parlé d'aliénation.

Oui. Je n'avais pas de texte écrit. Je me rappelle être allé manger à la maison, ce soir-là. J'avais dit à Mimi: «Ce soir, j'interviens. Je dis ce que je pense.» J'avais seulement pris quelques notes, cinq ou six points sur papier.

Le fait que ce soit les députés de l'opposition qui vous applaudissent — les députés du Parti québécois, de l'Union nationale et du Crédit social — a-t-il accrédité la thèse qui faisait de vous un des ministres les plus nationalistes de monsieur Bourassa?

Non, pas cette fois-là, parce que le débat portait non pas sur le nationalisme mais sur les problèmes de la société québécoise, la pauvreté, l'aliénation. Il n'était pas du tout question des rapports du Québec au reste du pays. Plus tard sur la question de Victoria, peut-être, mais pas sur la crise d'Octobre.

Les relations fédérales-provinciales

Lorsque vous avez conclu une entente dans le cadre du Régime des rentes, vous avez montré qu'un fédéralisme asymétrique pouvait fonctionner. J'ai l'impression que cette réalisation a pu, par la suite, créer des attentes du côté québécois, attentes que l'on retrouve par exemple dans les revendications pour le partage des pouvoirs ou le respect des compétences.

Oui, mais l'assurance-maladie du Québec s'est inscrite à l'intérieur du cadre de la loi fédérale. Je n'ai pas rouspété.

La question de la revendication des pouvoirs avait été lancée bien avant moi par Duplessis, puis poursuivie par

Inauguration du Centre hospitalier de l'Université Laval, novembre 1971. Avec Wilbrod Bherer, Mgr Louis-Albert Vachon et Jean Marchand.

Lesage, Johnson et Bertrand. Lorsque je suis arrivé au gouvernement, nous nous sommes inscrits en continuité avec cette dynamique.

Mais dans le cas du Régime des rentes, par exemple, les autres provinces ne demandaient pas, elles, d'avoir un régime particulier. Elles n'exigeaient pas non plus un partage des pouvoirs. J'ai l'impression que ces revendications que l'on retrouve encore aujourd'hui étaient présentes, en essence, dès 1970.

Bien sûr! Et je dirais même qu'elles étaient encore plus fortes à ce moment-là. Aujourd'hui, on ne parle plus au Québec de partage des pouvoirs mais de souveraineté ou de la place du Québec à l'intérieur du pays. En effet, plusieurs de ces questions n'ont plus les mêmes dimensions qu'à l'époque. Il y a eu, entre Ottawa et Québec, beaucoup de transferts de pouvoirs, dans l'immigration, par exemple. Le gouvernement fédéral s'est retiré de certains domaines. Le Québec s'est de plus en plus affirmé; nous sommes, comme Québécois, beaucoup plus sûrs de nous que nous ne l'étions à cette époque. De plus, depuis trente ans, le rôle du gouvernement dans la vie des sociétés s'est transformé. Au sein d'économies fermées et d'un monde assez cloisonné, les gouvernements pouvaient jouer un rôle beaucoup plus important que dans le monde ouvert qui est le nôtre aujourd'hui. Les alliances, les associations — libre-échange ou partenariats sur divers plans — sont davantage de mise aujourd'hui. D'ailleurs, les gouvernements voient leurs pouvoirs supplantés par les accords supranationaux.

La lutte de pouvoir entre Québec et Ottawa prend donc moins d'importance. Aujourd'hui, lorsqu'on veut promouvoir la souveraineté — que ce soit un discours de madame Beaudoin ou de monsieur Bouchard —, on affirme que le Québec risque de devenir une grosse minorité s'il demeure dans l'ensemble du Canada. Ce n'était pas du tout le discours de l'époque. On disait alors que le Québec devait avoir les pouvoirs qui lui permettraient de se gouverner; nous croyions, nous, être en mesure de le faire à l'intérieur du pays. Je pense que la suite nous a donné raison... ce que la population reconnaît de plus en plus.

Vous avez joué un rôle important dans le rejet de la Charte de Victoria, dont les principes avaient été acceptés par Robert Bourassa. À la lumière de ce que vous savez aujourd'hui, avec le recul, vous dites-vous que ce fut une erreur?

D'abord, Victoria, c'était le rêve de Pierre E. Trudeau. Le premier ministre de l'Ontario, John Robarts, avait lancé un exercice de révision constitutionnelle en 1968 dans lequel les provinces devaient jouer un rôle prédominant. À son arrivée au pouvoir, Trudeau a récupéré cette initiative. Alors qu'elle avait été lancée dans le but de réaménager les pouvoirs en continuité avec la commission Laurendeau-Dompton, dans une large mesure, et avec bien des écrits et revendications en provenance du Québec, monsieur Trudeau a vu là l'occasion de faire passer sa vision du Canada.

Le projet de charte de Victoria n'a pas été développé comme le serait aujourd'hui un projet de ce genre. En fait, il n'a pas été négocié. Il a été préparé par monsieur Trudeau et son équipe. Au Québec ou ailleurs, la population en savait très peu à ce sujet.

Lorsque nous sommes arrivés au pouvoir en mai 1970, nous avions bien d'autres chats à fouetter: assurance-maladie, crise d'Octobre, etc. Nous nous sommes retrouvés en janvier 1971, l'échéance de Victoria approchant à grands pas. En tant que membres du Cabinet, mes collègues et moi ignorions ce qui se préparait. J'ai insisté pour en savoir plus et j'ai finalement obtenu les grandes lignes de ce qui était proposé. Du côté du partage des pouvoirs, pour le Québec, il n'y avait, à toutes fins pratique, rien. C'était tout à fait la thèse de monsieur Trudeau. Quant à l'amendement à la Constitution, la charte proposait une formule intéressante.

Il y avait reconnaissance du droit de veto du Québec.

Oui, mais on ne pouvait choisir à la pièce certains éléments de la charte. C'était un ensemble «à prendre ou à laisser», selon l'expression de Pierre Trudeau. J'ai tenté de convaincre mes collègues et les gens d'Ottawa de faire au moins une ouverture sur un plan, de montrer que la question du partage des pouvoirs n'était pas bloquée, que nous franchissions une étape et que d'autres pourraient suivre. Nous avons à ce moment-là abordé la question des pouvoirs en matière de politique sociale, qui étaient clairement de juridiction provinciale.

La Charte de Victoria

En 1968, Pierre Elliott Trudeau, ministre de la Justice sous Lester Pearson, s'était révélé au Canada anglais en s'opposant farouchement au premier ministre du Québec, Daniel Johnson, lors d'une conférence fédérale provinciale.

Au lendemain de la crise d'Octobre, le gouvernement fédéral prend l'initiative du débat constitutionnel en proposant aux provinces ce qui allait devenir la Charte de Victoria, un projet en dix points:

1. Affirmation des droits fondamentaux.
2. Droits linguistiques: le français et l'anglais, les deux langues officielles.
3. Provinces et territoires: affirmation de ce qui existe.
4. Cour Suprême: neuf juges dont trois provenant du Québec. Nomination en accord avec les provinces concernées.
5. Cours fédérales.
6. Autorisation au fédéral de légiférer sur les pensions de vieillesse, les allocations familiales et la main-d'œuvre, à condition que cela ne porte pas atteinte à une législation provinciale.
7. Inégalités régionales.
8. Consultation fédérale-provinciale annuelle.
9. Formule d'amendement: droit de veto pour le Québec et l'Ontario, les provinces de l'Ouest et les provinces de l'Atlantique.
10. Modernisation de la Constitution: enchâssement de la charte dans la Constitution.

Après avoir donné l'impression au Canada anglais qu'il endossait la Charte de Victoria, Robert Bourassa fait marche arrière et rappelle une revendication historique du Québec: pas d'accord sur le rapatriement de la Constitution sans un nouveau partage des pouvoirs. Ce que Pierre Elliott Trudeau avait déjà rejeté lors de son affrontement avec Daniel Johnson en 1968. Robert Bourassa rejette donc la Charte de Victoria, ce que ne lui pardonnera jamais Pierre Elliott Trudeau.

Mais Bourassa n'est pas le seul à rejeter la Charte. Peter Louheed, qui vient d'être élu premier ministre de l'Alberta, dénonce lui aussi la Charte et le droit de veto spécifique au Québec et à l'Ontario.

Au cours de l'hiver, Robert Bourassa et moi nous sommes rendus à Ottawa pour rencontrer le premier ministre Trudeau et son ministre de la Justice d'alors, John Turner. C'était une visite secrète, personne n'était au courant. Monsieur Trudeau revenait d'un voyage en Asie. Il nous a dit: «Si vous êtes venus ici pour discuter de statut particulier, de deux nations, d'un nouveau partage des pouvoirs, de n'importe quelle formule qui s'en approche, la réponse est non. — Ça ne laisse pas beaucoup de place pour la discussion. — Non. Ça ne laisse aucune place.» Nous sommes donc revenus chez nous. Je sentais que nous nous dirigions vers un affrontement et que ce serait très mauvais pour l'évolution des choses. Ce serait en fait donner raison au Parti québécois, en pleine ascension à ce moment-là.

J'ai poursuivi mes efforts, en tentant, dans le cadre d'une conférence interprovinciale, de convaincre mes collègues des autres provinces du bien-fondé de notre position. Malheureusement, cette tentative a été torpillée par des émissaires du gouvernement fédéral qui ont visité les provinces les plus pauvres en leur disant de ne plus compter sur l'aide financière d'Ottawa si elles poursuivaient dans la ligne que nous proposions.

Ainsi, lorsque nous sommes arrivés à Victoria avec le premier ministre Bourassa, le travail de démolition de notre position avait été accompli. Bourassa a été attiré dans une séance de travail à huis clos, pour éviter que nous l'influencions.

Loin de vous.

Loin de moi et de mes collègues. De toutes façons, à la fin de la conférence, les premiers ministres devaient retourner au sein de leur Cabinet pour faire adopter une position. Contrairement à ce qu'on affirme, je demeure convaincu que monsieur Bourassa n'a pas donné de réponse au moment de la conférence elle-même. Par contre, j'ai déjà vu Robert Bourassa, par son attitude, par son non-verbal, par l'imprécision de son langage, donner en même temps l'impression à une personne qu'il venait de dire oui et à une autre que la réponse était non. J'ignore ce qui s'est passé à l'intérieur de la pièce avec les autres premiers ministres, je n'étais pas présent. Mais c'est probablement ce qu'il a fait.

Pourriez-vous préciser ce trait de caractère de monsieur Bourassa, que vous avez connu assez intimement? Il pouvait donner l'impression à deux personnes d'avoir donné, dans la même affirmation, deux réponses complètement opposées.

Oui. Robert Bourassa m'a déjà avoué chercher parfois à faire la quadrature du cercle... Or, en politique, il est rare que tous les avantages se retrouvent d'un côté et tous les inconvénients de l'autre, permettant de faire un choix en disant: «Je suis gagnant sur tous les points.» Il faut habituellement faire des compromis. On le voit par exemple dans le domaine économique: le projet de construire une usine peut être merveilleux pour la création d'emplois, mais terrible du point de vue de la protection de l'environnement. Dans notre société très complexe, peu de décisions peuvent être prises sans indisposer certains groupes de personnes. Robert Bourassa tentait toujours de réduire au minimum les inconvénients, les oppositions ou les déceptions des gens. Ainsi, lorsqu'il discutait d'une question, il cherchait à équilibrer, dans la mesure du possible, la somme des avantages et des désavantages. Et lorsque sa décision n'était pas encore prise, il pouvait ainsi donner l'impression, dans ses réponses, qu'il favorisait les deux groupes en même temps. C'est ce qui s'est produit plus d'une fois.

De retour à Québec, la question a été discutée au Cabinet; je crois qu'il y a également eu séance d'une commission de l'Assemblée nationale. La conclusion unanime à laquelle le Cabinet est arrivé est que le Québec ne pouvait accepter la Charte de Victoria.

Lorsque la décision a été annoncée, les sondages ont démontré clairement que le gouvernement avait un très grand appui au sein de la population. C'est probablement le moment où cet appui a été le plus grand. Si la population avait été en faveur de l'adoption de la Charte de Victoria, il est clair que le Cabinet l'aurait adoptée, peu importe ce que moi, j'aurais pu en penser. Ma position n'aurait pas pesé bien lourd!

Je crois que l'échec de Victoria a été causé par l'intransigeance de Pierre Trudeau. Depuis dix ans, tout le débat tournait autour du partage des pouvoirs. Dans le cadre de cette révision constitutionnelle, il était impensable que, comme gouvernement, nous nous engagions dans une réforme de la constitution qui ne touchait absolument pas les pouvoirs. Par la suite, certains arrangements ont été conclus sur la question du partage des pouvoirs entre les deux niveaux de gouvernement. Sans l'intransigeance de monsieur Trudeau, le gouvernement du Québec aurait souhaité adopter Victoria. Nous voulions montrer qu'il était possible de fonctionner à l'intérieur du pays, que nous pouvions nous entendre. Le fait de nous faire dire un non catégorique et de revenir avec un échec n'entrait pas du tout dans la dynamique de notre gouvernement. Pas du tout.

Après avoir vécu l'expérience de l'entente sur le Régime des rentes avec Pearson, vous aviez conscience qu'avec Trudeau les choses avaient radicalement changé.

C'est clair. D'ailleurs, Pierre Trudeau lui-même l'a affirmé dès son arrivée comme premier ministre: «Finies les folies!» Il mettait l'accent sur l'affirmation du fédéral sur tous les fronts, les gouvernements des provinces devenant des gouvernements de second ordre. C'était entendu: nous le voyions, nous le sentions. Ce n'était pas une surprise.

Dans un texte que vous avez écrit, une sorte d'appel à la réconciliation, vous parlez des «années désastreuses» du gouvernement Trudeau. «Désastreuses», en référence à ces dossiers dont vous venez de parler?

Eh oui! Victoria: une occasion manquée.

1980, le référendum: Trudeau mettait son siège en jeu, affirmant qu'il y aurait des changements, que nous devions nous parler, en famille... Au lendemain du référendum, Jean Chrétien a été envoyé pour faire la tournée des provinces et préparer le rapatriement de la Constitution, sans l'accord du Québec. C'est ce qui a permis au Parti québécois de se remettre de sa défaite au référendum de 1980 et de se faire élire en 1981. On a ressuscité, dans une certaine mesure, le Parti québécois au lendemain du référendum.

Puis est arrivé l'Accord du lac Meech. Au départ, les trois partis politiques sur la scène à Ottawa avaient voté en faveur de la ratification de cet accord. Un peu partout, même à Terre-Neuve, les législatures provinciales avaient adopté Meech. Il restait uniquement le Nouveau-Brunswick et le

Accord du lac Meech

Voici les cinq conditions du Québec acceptées dans l'Accord du lac Meech le 30 avril 1987:

- Reconnaissance du Québec comme société distincte.
- Droit de veto.
- Limites au pouvoir fédéral de dépenser.
- Contrôle du Québec sur son immigration.
- Garantie de trois sièges à la Cour Suprême.

Selon la formule d'amendement contenue dans la constitution de 1982, le Parlement fédéral et les législatures provinciales ont trois ans pour ratifier l'entente.

Au terme de ce délai, le Manitoba et Terre-Neuve sont toujours opposées à l'accord.

Le 23 juin 1990, l'Accord du lac Meech est mort et enterré.

Manitoba. Frank McKenna a pris le risque, dans sa campagne électorale, de remettre en cause l'accord. Il a initié tout un mouvement. À Ottawa, au Sénat, MacEachen a invité Trudeau, son ex-patron, alors retraité, à venir lancer l'exercice de démolition de Meech. L'intervention de Trudeau devant le Sénat, qui a duré à peu près quatre heures, a été le signal de départ de la destruction de l'accord. Ils ont finalement réussi.

Pourtant, cet accord était une belle occasion de faire un pas en avant. Ce n'était pas une étape définitive — de toutes façons, on ne règle pas tous les problèmes d'un seul coup! —, mais elle aurait permis au Québec de réintégrer l'ensemble canadien, de montrer qu'il est possible d'évoluer, par le compromis, la compréhension. Ils ont tué Meech! C'est en ce sens que j'affirme que, à bien des égards, ce que Trudeau a fait a été désastreux.

Claude Castonguay, vous n'êtes pas un homme qui exprime facilement ses émotions. Mais face à Pierre Trudeau, ressentez-vous personnellement plus qu'une simple rivalité politique?

Non.

Vos termes sont très durs quand vous parlez de ces années «désastreuses».

Ce n'était pas personnel. Justement, j'ai toujours essayé de ne pas faire de personnalité en politique. J'ai toujours tenté de tenir un discours uniquement au plan des idées, sans attaquer personnellement des gens. Évidemment, Trudeau représentait un courant de pensée très fort. Même si je n'étais pas d'accord avec lui, je reconnais que c'est un homme d'une grande intelligence, qui a fait des choses valables. Il a contribué à établir la bonne réputation du Canada à l'étranger; il a beaucoup aidé les francophones hors-Québec. J'ai toujours tenté d'éviter de transposer le débat sur un plan plus personnel.

Et que diriez-vous de René Lévesque?

Comme individu, j'ai eu beaucoup d'admiration pour lui. René Lévesque s'est avéré être un grand démocrate. Il aurait pu, à certains moments, prendre des orientations qui auraient changé le cours des choses au Québec. En 1970 et dans les années qui ont suivi, il s'est clairement inscrit contre la violence. Il s'est assuré que le référendum de 1980 serait tenu dans la paix, et non dans le désordre. Il en a accepté le verdict. Il a mis en valeur le rôle des commissions parlementaires à l'Assemblée nationale. Il a gouverné d'une façon qui commandait le respect des gens. Ce qui l'animait, c'étaient clairement les intérêts du Québec. Il n'avait aucun intérêt personnel; il ne s'est jamais enrichi. Quand il a terminé sa

Claude Castonguay, Compagnon de l'Ordre du Canada, et Jules Léger, Gouverneur général du Canada, 1975.

carrière, il était d'ailleurs plutôt déçu du cours des événements. C'est peut-être ce qui peut expliquer son départ assez prématuré.

Je n'ai pas partagé l'orientation prise par René Lévesque, mais j'ai toujours beaucoup respecté sa personne.

Et Robert Bourassa?

Robert Bourassa est arrivé, lui aussi, dans une période très tourmentée de l'histoire du Québec. On oublie trop que la fin des années soixante et les années soixante-dix ont été des années de contestation profonde. L'arrivée au pouvoir de Robert Bourassa n'était pas un hasard: il était vraiment l'homme du compromis. Il a cherché, par tous les moyens possibles, de réconcilier les différents éléments de la société québécoise, de maintenir les liens avec le reste du pays. À son retour au pouvoir en 1983 ou 1984, plusieurs ont poussé un soupir de soulagement: les gens en avaient assez des querelles entre Québec et Ottawa. On a cru qu'il réussirait avec Meech... Pour lui, ce fut probablement la plus grande déception de sa carrière.

Ce que je pourrais lui reprocher, c'est d'avoir laissé la situation des finances publiques se détériorer à un point tel que nous en payons encore aujourd'hui le prix. Il a laissé un héritage lourd de conséquences.

Aujourd'hui, que reste-t-il de toutes ces négociations entre Québec et Ottawa? Vous avez déjà affirmé, lors d'une entrevue, que, advenant un autre référendum, sans de nouvelles propositions formelles pour le Québec, vous seriez tenté de vous ranger dans le camp du oui.

J'ai dit que j'aurais, dans un tel cas, à reconsidérer ma position. Je me trouvais dans un moment de grande fatigue et de frustration devant le peu d'évolution de la situation.

Depuis ce temps, un certain nombre de choses ont évolué et je crois que, finalement, le climat est en train de changer. Calgary, ce n'est pas la fin du monde, mais il y a là au moins une manifestation de bonne volonté, un geste qui témoigne de l'amitié. Évidemment, tous les tenants de l'indépendance ne voient rien dans cette déclaration. En revanche, ceux qui croient encore qu'il est préférable que le Québec demeure au sein du Canada voient là un signe d'amitié. Rien de plus. Mais c'est déjà quelque chose!

Cette question n'est pas encore vidée. S'il est possible de régler ces problèmes qui, comme je le disais tout à l'heure, n'ont pas la même importance qu'il y a vingt ou trente ans, je demeure convaincu qu'il est de beaucoup préférable pour le Québec de demeurer dans l'ensemble canadien.

Mais comment y arriver? J'ai l'impression que vous cherchez à voir, en chacune des étapes, une partie de la solution, que ce soit dans le cas de Meech ou de Calgary dont vous venez de parler. Un peu comme si vous vous accrochiez à une bouée pour ce que vous appelez cette réconciliation.

En ce moment, quels sont les plus grands problèmes? Il reste que le gouvernement du Québec possède une bonne

L'entente de Calgary

Neuf premiers ministres se sont réunis à l'automne 1997 pour lancer une initiative visant à préserver l'unité du Canada. Suite à cette entente, les Canadiens et les Canadiennes devaient être consultés pour savoir s'ils sont en faveur d'un statut unique pour le Québec. Dans leur déclaration, les premiers ministres ont affirmé vouloir reconnaître le caractère unique de la langue et de la culture québécoise, tout en prônant l'égalité de tous les Canadiens et des provinces.

marge de manœuvre pour agir. Il y a peu de domaines où, de façon convaincante, il peut affirmer ne pas avoir la liberté suffisante d'agir. Il restait les questions de la main-d'œuvre et de l'immigration: elles ont été réglées.

Reste la question de la langue et de la culture. Mais là encore, le gouvernement agit. On voit bien que ce n'est pas un domaine où seules les lois permettent d'évoluer. Au contraire, c'est au sein de la société qu'on décide si on parle le français et si on le parle bien. La culture, c'est quelque chose de vivant, surtout pas de gouvernemental!

Que reste-t-il donc? Les questions du principe de la reconnaissance du Québec au sein de la structure fédérale, de protection et de promotion de notre langue et de notre culture, et la question de la Cour suprême. Pour ce qui est de la formule d'amendement de la Constitution, il est important pour le Québec d'avoir une protection à ce niveau. En dehors de cela, il reste peu de problèmes visibles.

Par contre, quelle serait la situation si nous quittions le Canada? Dans un univers fait d'alliances extrêmement difficiles à négocier, surtout avec un voisin comme les États-Unis, il me semble de beaucoup préférable de faire partie d'un ensemble fort et respecté à travers le monde comme le Canada. De plus, le Québec a de nombreux échanges autres que gouvernementaux avec le reste du pays. Le Canada est un pays assez complexe formé de toutes sortes de ramifications. Il y a les francophones hors-Québec. Les liens commerciaux avec le reste du pays: ces liens ne se brisent pas d'un coup sec et, surtout, ne se rebâtissent pas rapidement! Bien des problèmes au sein de la société québécoise prennent naissance dans le fait qu'il ne s'agit plus uniquement d'une société francophone. Il y a également le problème des Amérindiens qui ont des droits sur le territoire et posent la question de la partition du Québec en cas de séparation...

Devant l'ampleur de toutes ces questions qui remonteraient d'un seul coup à la surface, je me dis que les problèmes encore à régler avec le reste du pays, même s'ils amènent une certaine frustration, n'ont pas la même importance.

Mais prenons l'exemple d'une situation que vous avez vécue: le pouvoir de dépenser d'Ottawa, qui semble créer un problème majeur. Vous en parliez aussi, je crois, à l'époque. Dans la philosophie Trudeau, le gouvernement central est en quelque sorte le maître d'œuvre, au-dessus des autres gouvernements. Ce qui permet à Ottawa d'intervenir dans des champs de compétence qui ne relèvent pas du gouvernement fédéral. Comment régler cette situation?

Dans un régime fédératif, il y a toujours des tensions entre les divers niveaux de gouvernement. Nous en avons vécu depuis les débuts de la fédération canadienne et, à mon avis, il serait utopique de croire que nous n'en vivrons pas dans l'avenir.

Il y a quelques années, lorsque le Québec parlait du pouvoir de dépenser dont le gouvernement fédéral faisait une trop grande utilisation, il était le seul à tenir ce langage. Aujourd'hui, le Québec n'est plus isolé: l'Ontario, l'Alberta, la Colombie-Britannique tiennent également le même discours. Les provinces plus pauvres, Manitoba, Saskatchewan, les provinces maritimes, sont celles qui ne s'en plaignent pas.

Les interventions en matière de santé, d'éducation, de programmes sociaux ont été regroupées sous forme d'un pacte social, un transfert annuel de douze milliards et demi par année, plus un peu de péréquation... Le pouvoir de dépenser est beaucoup moins utilisé qu'il ne l'était. Récemment, le programme de bourses du millénaire est à mon avis une intrusion dans un champ de compétence provinciale. Vous avez vu les réactions créées par l'annonce d'Ottawa! Elles ont été tellement fortes qu'une négociation s'engage entre le gouvernement du Québec et le gouvernement canadien pour tenter de trouver un aménagement. Cela m'apparaît encore possible.

Il reste que, dans un régime fédéral, les tensions subsisteront toujours. C'est la même chose entre les municipalités et le gouvernement provincial. Il est de l'essence même du fédéralisme qu'il y ait certaines tensions. Elles ne sont pas toujours mauvaises. Les gouvernements socialistes, où tensions, résistances et oppositions n'étaient pas tolérées, étaient bien beaux en théorie... mais on en voit aujourd'hui les résultats! Il est bon qu'un pays connaisse de la résistance, l'expression d'opinions et de points de vue différents. Les tensions à l'intérieur d'un régime fédéral ne sont pas toutes malsaines, au contraire.

Il est difficile de savoir ce que nous réserve l'avenir. Mais il est clair que l'establishment, à Ottawa, ainsi que le Parti libéral du Canada, semblent penser que le seul grand défenseur de l'unité canadienne est le gouvernement fédéral. Ils oublient que cette question se joue aussi à d'autres niveaux, que les gouvernements provinciaux et les citoyens eux-mêmes ont un rôle à jouer et peuvent prendre des initiatives qui pourraient s'avérer très positives. Cette conception dure et, à mon avis, a des résultats très négatifs sur le plan de l'unité canadienne.

Sénateur Castonguay

Pendant toute votre carrière, vous n'avez pas hésité à témoigner de votre optimisme, mais aussi de vos doutes, à travers toutes ces démarches et négociations. Vous êtes même allé jusqu'à accepter de devenir sénateur pour tenter de faire valoir vos idées. Mais vous n'êtes pas demeuré longtemps au Sénat. Pourquoi?

On se souviendra que c'était après Meech, vers la fin du gouvernement conservateur de Brian Mulroney. Les Canadiens de langue anglaise avaient développé une antipathie inexplicable à l'endroit de Mulroney et de son gouvernement.

Lorsque l'initiative qui a abouti au projet d'accord de Charlottetown a été lancée, Brian Mulroney m'a invité à devenir sénateur, dans le but d'aider à faire adopter cette réforme. C'était juste avant le débat sur la TPS, au moment où les Conservateurs étaient en minorité au Sénat. Le gouvernement devait donc combler les postes très rapidement. Là encore, je n'ai eu que deux jours pour prendre une décision.

Je suis allé au Sénat. Je me suis retrouvé au cœur d'une situation difficile: il n'y avait aucune identité de pensée entre les partis à Ottawa. En effet, les partis d'opposition, le NPD et le Parti libéral, craignaient que Mulroney utilise cet exercice constitutionnel pour tenter de se faire réélire, comme le libre-échange l'avait aidé à obtenir un second mandat. D'ailleurs, le document présenté, préparé par Joe Clark, essayait tellement de faire plaisir à tout le monde qu'il finissait par indisposer à peu près tout le monde. Finalement, on m'a demandé de coprésider un comité conjoint du Sénat et de la Chambre des communes. Nous avons fait quelques visites dans l'Île-du-Prince-Édouard, à Toronto, au Manitoba, mais la pagaille régnait au sein du comité. L'opposition ne collaborait aucunement. Nous n'allions nulle part. Je voyais bien que nous nous dirigions vers un échec retentissant. J'ai demandé de me retirer de ce comité, sur l'avis de mon médecin, car j'étais épuisé. Une fois retombée la poussière, suite au rejet de Charlottetown, j'ai discrètement laissé le Sénat. La tentative de rescaper l'échec de Meech était la seule raison pour laquelle j'avais accepté le poste de sénateur. Je n'avais ni l'ambition ni le goût de demeurer au Sénat.

D'après vous, le Sénat a-t-il une utilité?

Le Sénat a déjà joué un rôle intéressant, entre autres par le travail de ses comités. À l'occasion, il est intervenu de façon utile dans certains débats. Il peut encore intervenir, mais ce sont des exceptions. Le Sénat ne pourrait pas intervenir de façon régulière. La population canadienne n'accepterait pas que cent personnes non élues viennent régulièrement modifier le travail de ses élus à la Chambre des communes. Le Sénat n'a donc plus beaucoup d'influence, mais il joue un rôle à l'occasion, par exception.

Mais peut-on l'abolir?

Il serait peut-être préférable de le réformer. Dans un pays comme le Canada, dans un régime fédéral, le pouvoir tend à se concentrer au centre — on le voit bien aux États-Unis. Dans ce contexte, le Sénat est appelé à jouer un rôle d'équilibre en faveur des régions, des minorités, et du Québec, à cause de sa situation particulière. Je pense que ce serait une erreur de l'abolir complètement. Il me semble qu'il serait possible de le réformer sans même avoir à modifier la Constitution, en faisant en sorte notamment que les sénateurs soient élus, ce qui leur donnerait une crédibilité et une caution. C'est ainsi que je verrais le Sénat. Pour l'instant, les sénateurs nommés sont trop souvent d'ex-organisateurs politiques, des personnes qui ont joué des rôles au sein des différents partis, ce qui enlève au Sénat une grande partie de sa crédibilité.

Un bilan

Lorsqu'on parle de vous avec certaines personnes dans le camp très fédéraliste, des gens vous reprochent ce qui peut ressembler à de l'indécision. «Castonguay, il n'arrive pas à se brancher!»

Pour certaines personnes, en politique, tout devrait être blanc ou noir. Vous êtes soit pour, soit contre. Pour ces fédéralistes, l'idéal serait que les provinces fonctionnent comme des appendices du gouvernement fédéral, celui-ci déterminant et réglant tout.

Ce n'est pas ma conception du fédéralisme. Il me semble qu'il y a un certain équilibre à conserver entre les différentes positions. Lorsqu'on tentait d'aller trop catégoriquement dans un sens, j'avais tendance à mettre en valeur la position opposée. C'est vraiment une question d'équilibre.

Je me souviens d'avoir lu un jour que vous étiez le plus nationaliste de tous les libéraux et que vous pourriez facilement passer au Parti québécois. Avez-vous été tenté, un jour, de vous ranger du côté des adversaires?

Pas vraiment. Comme la plupart des gens de mon époque, je n'ai jamais réussi à me convaincre que le Québec devait s'orienter vers la séparation. Jamais je ne suis arrivé à cette conclusion. Malgré mon grand désir de voir le Québec se développer, de voir les Québécois francophones prendre leur place à tous les niveaux, malgré tout cela, je n'ai jamais réussi à me convaincre que la meilleure façon d'y arriver était la voie de la séparation. Jamais.

Mais vous avez pourtant senti, à plusieurs reprises, que l'autre voie était fermée. Vous avez exprimé une forme de découragement.

C'est clair! Je me suis fatigué, je me sentais parfois frustré, déprimé. Mais il reste que l'histoire du Canada est une histoire qui n'a pas été facile. Sous le régime français, nous avons souvent été négligés, ignorés, utilisés comme ressource utile. Au lendemain de la conquête, ce ne fut pas facile. Par la suite, les gouvernements, dans une certaine complicité avec l'Église et les milieux d'affaires anglophones, ont joué un rôle qui n'a pas contribué à une évolution positive des Québécois. Cette longue histoire n'a jamais été facile. La situation ne l'est toujours pas. Il est donc justifié d'éprouver de la fatigue, des doutes, de la frustration. Ici, au Québec, en Amérique du Nord, nous ne sommes pas dans une situation confortable.

On continue à parler de délais, de nouveau référendum peut-être, parce qu'il ne se passe rien. Pendant combien de temps les choses vont-elles évoluer de cette façon?

Je ne suis pas d'accord quand vous affirmez qu'«il ne se passe rien». Il s'est passé bien des choses: un accord sur la formation de la main-d'œuvre, un autre sur l'immigration. Ce sont des domaines importants. De plus, à deux reprises, les Québécois ont dit NON. Malgré tout, plusieurs remettent ce NON en cause. Ce qui m'apparaît assez étonnant, c'est que si les Québécois disaient OUI à 50,1 %, là, on dirait: «C'est définitif!» L'inverse, cependant, n'est pas définitif... Quelles sont donc les règles du jeu? Il va falloir en sortir! Je crois que nous y arrivons.

J'ai toujours pensé que la politique du «couteau sur la gorge», telle qu'énoncée par Léon Dion il y a bien des années, était susceptible de donner lieu à beaucoup de tensions et à peu de résultats. Je m'explique: de façon générale, pour arriver à une entente avec les gens, il me semble qu'il faut trouver tous les points sur lesquels on peut s'entendre, identifier et minimiser les points de désaccord et travailler positivement à solutionner ces questions problématiques. En affaires, et même dans les rapports humains, en famille, en couple, nous tentons toujours de mettre l'accent sur ce qui nous rapproche. Cette politique du «couteau sur la gorge», qui trouve son complément dans les référendums, nous a, à mon avis, bien mal servis. En effet, cette attitude assez agressive et menaçante a eu pour effet d'épuiser le réservoir de bonne volonté présent au Canada anglais. En ce sens, il me semble que si nous voulons vivre à l'intérieur du Canada, nous devons chercher à le faire positivement et tenter de trouver les accommodements qui nous paraissent les plus acceptables.

L'arrivée de Jean Charest représente plus que l'arrivée de cet homme politique sur la scène provinciale. Il me semble qu'il s'agit de tout un concours de circonstances, l'aboutissement d'une évolution qui nous conduit, je l'espère, vers la fin de tout ce processus.

Serez-vous de la bataille?

Ce n'est pas facile. J'ai agi sur la scène politique, j'ai eu ma chance d'agir. Je sens que c'est maintenant au tour de nouveaux visages qui correspondent davantage aux besoins de la population, à ses façons de penser, de voir, qui ne donnent pas l'impression de ressortir leurs vieilles querelles pour tenter de les régler, alors que la situation a bien changé! Je ne pense pas qu'une personne comme moi puisse jouer un rôle actif dans le contexte actuel. Par contre, je peux très bien intervenir à l'occasion, mais pas trop souvent. Les gens ne veulent pas entendre des participants aux luttes et aux querelles du passé. Ils regardent plutôt vers l'avenir!

Vous espérez que nous sommes à la fin de ce processus. Mais quelle que soit la décision qui pourrait être prise suite à un troisième référendum, cette idée-là ne disparaîtra pas...

Non, mais les gens vont peut-être évoluer. Nous ne vivons pas dans un contexte statique. Aujourd'hui, dans bien des domaines, les gouvernements jouent un rôle bien moins important qu'il y a trente ans. À cette époque, un pays pouvait avoir ses propres politiques économiques, car il y avait très peu d'ouverture sur l'ensemble des marchés internationaux. Les politiques fiscales et sociales pouvaient être très différentes d'un pays à un autre. Aujourd'hui, les gouvernements jouent un rôle beaucoup moins important dans la vie des citoyens. D'autre part, on remarque également que les traités à caractère international entre pays ou blocs de pays prennent de plus en plus d'importance et passent même pardessus les gouvernements. D'où l'importance pour un pays de ne pas être seul ou trop isolé.

En poussant votre raisonnement jusqu'au bout, certains iront jusqu'à se demander: les gouvernements ont-ils encore aujourd'hui leur utilité?

Les gouvernements ont encore un rôle fort utile, dans le maintien de l'ordre établi, par exemple, pour la sécurité, les transports, le maintien des services publics, etc. Mais dans bien des domaines, économie, politiques sociales, fiscalité, la marge de manœuvre des gouvernements est considérablement réduite. Bien des décisions sont prises à un autre niveau. Aujourd'hui, ce sont des blocs qui s'affrontent et prennent des décisions. Il m'apparaît donc important d'être placé de façon à avoir une certaine voix au chapitre.

Nos gouvernements, nous pouvons nous en défaire tous les quatre ans... Mais ces gens qui prennent des décisions, ces blocs qui agissent sur nos vies quotidiennes, à qui rendent-ils des comptes? À qui sont-ils redevables?

Nous sommes en pleine évolution. Des structures se mettent peu à peu en place. Le Groupe des sept ou des huit se réunit une fois par année; des décisions sont prises à ce niveau. D'autres blocs s'organisent: l'Union européenne, par exemple, avec le Parlement européen, à Strasbourg. Ici, au Canada, nous avons l'ALENA. Bien des conflits surgissent, qui nécessitent la création de mécanismes d'arbitrage. On parle de la création d'un tribunal international pour les crimes de guerre, d'un accord sur l'investissement international. Pour ce dernier, des gens ont réagi à différents niveaux, et l'accord a été bloqué.

Les mécanismes de prise de décision évoluent. Cela ressemble aux débuts de la révolution industrielle, marqués par de nombreux abus. On a progressivement encadré les activités, démocratisé les entreprises et protégé les droits des travailleurs. Un processus semblable est vécu aujourd'hui à l'échelle internationale.

Un processus qui peut conduire à des abus et devant lequel nous pouvons, comme citoyens, avoir l'impression d'avoir de moins en moins notre mot à dire...

Évidemment, les choses se décident à une grande échelle, et on peut en effet avoir cette impression.

Iriez-vous jusqu'à envisager un gouvernement mondial?

Non, loin de là. Mais il reste qu'à mon avis, à l'échelle mondiale, les choses vont en s'améliorant. Des guerres mondiales comme celles de 14-18 et 39-45, nous n'en avons pas eu depuis cinquante ans, et il n'y en a pas à l'horizon. Il existe un certain nombre de conflits limités, comme il y en a toujours eu. Espérons qu'ils seront de plus en plus limités et de moins en moins longs. D'ailleurs, dès qu'un événement survient, la communauté internationale s'y intéresse. C'est le cas présentement au Kosovo, par exemple. Les pays engagés sur la voie du développement et de l'amélioration des conditions de vie sont de plus en plus nombreux. C'est le cas en Amérique du Sud, en Asie. L'Afrique demeure un continent où le développement n'a pas pris le même rythme, mais on y constate tout de même bien des progrès. Ici même, au Canada et au Québec, le niveau de vie et la qualité de vie se sont considérablement améliorés, même au cours des trente dernières années marquées par des conflits au plan constitutionnel. Je crois que nous ne devons pas être trop pessimistes.

Monsieur Castonguay, vous avez fait un terme de politique active. Vous avez, en quelque sorte, respecté votre contrat envers votre épouse. Vous êtes-vous déjà dit: «J'aurais dû aller plus loin»? Avez-vous déjà jonglé avec la possibilité de poursuivre votre carrière politique?

En 1976, après la défaite de Robert Bourassa et des libéraux, Gérard D. Lévesque a agi comme chef intérimaire du Parti libéral pendant quelques années. Lorsque la course au leadership a été déclenchée, il y a eu un premier mouvement en faveur de Claude Ryan, qui a d'abord refusé. À ce moment-là, mon nom a refait surface. Et j'ai dû m'interroger. Je me suis longuement questionné, j'en ai discuté avec mon épouse. Finalement, je suis allé rencontrer monsieur Ryan. J'avais de grandes hésitations. Je crois que c'est la première fois que je raconte ceci...

Contrairement à l'image que je peux projeter, je ne suis pas un homme dur, pas du tout. Et je crois qu'un chef politique se doit d'être capable de ne pas avoir de sentiment à l'occasion. Être chef de parti est une tâche difficile; il faut parfois mettre ses amitiés et ses sentiments de côté, limoger une personne qui ne remplit pas sa fonction... J'ai déjà entendu cette phrase en anglais qui exprime bien ce que je pense: *«To be a good leader, you have to be a bit of a son of a bitch.»* Je pense que je n'aurais jamais été assez dur. Je suis davantage un homme de compromis, j'essaie de ne pas indisposer ceux qui m'entourent. Je cherche toujours à trouver des solutions et à sortir des impasses en essayant de comprendre... alors qu'en politique, de temps en temps, surtout aux yeux du public, il faut avoir l'air déterminé. D'ailleurs, l'histoire politique le confirme.

Vous vous rappelez peut-être de Stevenson, le grand penseur, qui devait devenir le successeur de Roosevelt — après Truman. Lorsqu'il est arrivé sur la scène politique, il était tellement désireux de comprendre, de faire les compromis nécessaires, eh bien! il a été supplanté. Eisenhower, le héros de guerre, l'a littéralement perdu dans la poussière.

J'avais le sentiment que je n'avais pas la détermination nécessaire pour être capable de prendre les orientations qui s'imposeraient parfois. J'étais animé par ce genre de réflexions lorsque je suis allé rencontrer Claude Ryan. Je lui ai dit: «Si votre décision de ne pas vous présenter n'est pas ferme et que vous la remettez en cause, vous ne me trouverez pas sur votre chemin.» À la suite de notre rencontre, il a recommencé à se questionner. Il était convaincu, avant de me parler, que s'il ne se présentait pas je le ferais. L'autre aile du parti était représentée par Raymond Garneau.

Cet événement m'a permis d'arriver à la conclusion que je n'avais pas la personnalité qu'il fallait pour devenir chef d'un parti politique.

▒ *Vous aviez tout de même dit à Claude Ryan: «Si vous n'y allez pas, j'irai.»*

Je lui avais dit que j'irais probablement, parce qu'il n'y avait à ce moment-là personne qui, à mon avis, pouvait assumer adéquatement la direction du parti.

▒ *Vous auriez donc pu vous retrouver face à Raymond Garneau dans une course au leadership libéral... et vous vous êtes retrouvé auprès de monsieur Garneau dans de toutes autres circonstances.*

Oui. Nous étions en affaires... c'est une autre histoire!

▒ *Quel bilan tracez-vous de votre vie de politicien?*

Je crois que ce qui reste de plus positif, c'est tout ce que j'ai fait du côté de la santé et du Régime des rentes. J'ai joué un rôle dans le gouvernement à une époque difficile, j'ai apporté une voix qui devait être exprimée au sein de ce gouvernement. J'ai eu une certaine influence, même si cela n'a pas toujours donné les résultats escomptés au niveau des rapports entre le Québec et le reste du Canada. J'ai peut-être contribué à faire évoluer la pensée à ce sujet, de part et d'autre.

Dans l'ensemble, malgré les frustrations et les grandes déceptions, je peux faire un bilan raisonnablement positif.

▩ *Monsieur Castonguay, vous arrive-t-il de vous dire: «Si je l'avais voulu, j'aurais pu être premier ministre du Québec»? Auriez-vous aimé réaliser une telle chose?*

Non. Lorsque j'ai laissé la scène politique, je me suis engagé dans le monde des affaires. J'ai tout de même gardé un lien avec la politique, en prenant position à quelques reprises, lors du référendum de 1980 ou de Meech, par exemple. J'avais pris une orientation dans ma carrière, et je ne l'ai jamais regrettée. J'ai beaucoup aimé mon engagement dans le monde des affaires. Ce n'est pas dans ma nature de retourner en arrière et de me dire: «J'aurais pu faire ci, j'aurais pu faire ça...» J'ai pris les orientations qui, à l'époque, me semblaient les meilleures et j'ai poursuivi une action que je trouvais intéressante. Je ne me suis donc pas posé ce genre de questions.

3

L'homme d'affaires

Monsieur Castonguay, le pouvoir politique vous a-t-il donné le goût du pouvoir économique?

Vous savez, travailler comme je l'ai fait en politique ne donne pas le sentiment d'avoir le pouvoir entre les mains. Cette conception du pouvoir en politique me surprend toujours un peu. Avec les groupes d'intérêt, l'opinion publique, l'homme politique a davantage l'impression d'être un arbitre ou un animateur qu'une personne de pouvoir. Si la personne qui s'engage en politique arrive à naviguer à travers les différentes instances qui l'encadrent — la fonction publique, les contrôles du Trésor, l'opinion publique, le parti, les groupes d'intérêt, etc. — et à faire avancer les choses, ce n'est pas parce qu'elle a du pouvoir, mais parce qu'elle a réussi à concilier tous ces intervenants, à se gagner des alliances et à faire en sorte que ses opinions prévalent.

La notion traditionnelle de pouvoir est à mon avis dépassée. Même le président des États-Unis ne peut décider de lui-même ce qu'il va faire. Il a tenté d'instaurer l'assurance-maladie... sans succès. Lorsqu'il envoie ses budgets au Sénat, on les lui renvoie... entièrement modifiés! Le pouvoir du passé n'existe plus.

En affaires, c'est un peu la même chose. Il ne s'agit pas tant d'exercer un pouvoir que de créer une dynamique à laquelle les gens adhéreront, de susciter leur confiance et leur désir de s'engager... pour ainsi convaincre les milieux de prêter des capitaux. En affaires, une personne doit être capable de recruter des gens compétents, de travailler en équipe avec eux. Elle devient non pas un être de pouvoir, mais un peu l'animateur de son équipe.

Mais avez-vous l'impression que dans le monde des affaires le pouvoir est plus précis, que vous pouvez, davantage qu'en politique, exercer un pouvoir de décision?

Évidemment, en affaires, le contexte est bien différent. Il n'y a pas, de l'autre côté de la rue, d'opposition officielle. Vous agissez dans un domaine donné, en concurrence avec d'autres. Si vos clients ne sont pas satisfaits de vos services, ils ont le choix d'aller ailleurs. Vous vous retrouvez généralement dans une équipe homogène où les gens, de façon générale, pensent comme vous. La dynamique est assez différente de ce qui se passe en politique. Dans un sens, les milieux des affaires permettent des coudées beaucoup plus franches.

Je lisais récemment le livre de Pierre Godin, La Laurentienne, *qui se lit presque comme un roman. Vous qui avez connu et la politique et le monde des affaires, vous arrive-t-il de penser que nous, les journalistes, passons à côté des vraies nouvelles? Nous observons tous les faits et gestes de nos politiciens, jour après jour, mais sans jamais examiner de près ce qui se vit dans le monde des affaires. Est-ce que c'est là que se trouvent les vraies histoires?*

Il y a effectivement des choses intéressantes qui s'y passent, sans faire d'éclat, discrètement, sans sensationnalisme. Cela explique peut-être le fait que l'attention des médias soit retenue par toutes sortes d'autres choses un peu plus frappantes, plus saisissantes.

Pensez-vous que les journalistes devraient être plus attentifs à ces choses qui se font dans la plus grande discrétion, pour mieux les surveiller, pour mieux en apprendre?

Oui, peut-être. Je crois qu'aujourd'hui encore au Québec, surtout au Québec, nous portons beaucoup trop d'attention à l'activité politique par rapport aux autres sphères d'activité de la société. Dans d'autres pays — ou même dans d'autres provinces canadiennes — la dimension politique de la vie retient beaucoup moins l'attention. Ici, parler politique est pratiquement devenu un sport national!

Monsieur Castonguay, lorsque vous avez quitté la politique active en 1973, vous avez poursuivi votre travail d'actuaire-conseil. Vous avez même accepté des mandats des gouvernements de Québec et d'Ottawa.

Oui, pendant deux ans. Peu de temps après mon départ de la scène politique, Robert Bourassa m'a demandé de travailler à un rapport sur l'urbanisation au Québec. Plusieurs des recommandations de ce rapport ont d'ailleurs été appliquées.

C'était du travail conseil, mais pas directement de l'actuariat. Par la suite, le gouvernement fédéral m'a demandé de participer à une commission sur la lutte contre l'inflation. J'y suis allé parce que je pensais qu'il était vraiment nécessaire de freiner l'inflation. J'ai participé pendant plus d'un an aux travaux de cette commission, avec Jean-Luc Pépin et d'autres.

Après cette expérience, j'ai pris conscience que je ne voulais plus faire d'actuariat-conseil. Je n'allais pas consacrer le reste de ma carrière à passer d'une commission à l'autre, d'un comité à l'autre. J'ai alors rencontré quelques personnes du monde des affaires. Entre autres, Jean-Marie Poitras, de La Laurentienne, qui m'a fait part de ses idées. Nous avons échangé et j'ai vu là la possibilité de travailler avec un groupe, dans une certaine continuité, au développement de projets très intéressants. C'est ainsi que je me suis retrouvé à La Laurentienne.

▒ *Vous proposiez vos services et vous vous rendiez disponible, dans une certaine mesure, pour le monde de l'assurance. C'était pour vous un retour à une entreprise pour laquelle vous aviez déjà travaillé.*

Oui, mais d'une façon très différente. Lorsque, dans les années cinquante, j'ai œuvré dans le domaine des assurances, c'était en tant qu'actuaire. Quand je suis retourné à La Laurentienne en 1977, c'était dans le cadre de l'acquisition de l'Imperial Life, de Toronto.

LA LAURENTIENNE

▒ *Que savez-vous de la fondation de La Laurentienne? Il semble que l'esprit de l'Ordre de Jacques Cartier, cet ordre maçonnique canadien-français pour faire concurrence aux ordres maçonniques canadiens-anglais, ait pu animer les fondateurs de cette entreprise.*

Comme dans le cas de plusieurs de nos institutions — la Banque d'Épargne, par exemple, créée en 1846 à l'instigation de l'évêque de Montréal, Mgr Bourget — la fondation de La Laurentienne est teintée de nationalisme. On cherchait alors à créer une institution qui pourrait accumuler des capitaux à investir dans l'économie québécoise, procurant des emplois aux Québécois. La Laurentienne est le produit de cette dynamique.

Est-ce que les fondateurs, à l'origine, étaient membres de l'Ordre de Jacques Cartier? Je l'ignore, je n'en ai jamais entendu parler. Peut-être que certains individus, isolément, en faisaient partie... Nous avons tous été surpris d'apprendre, par exemple, qu'à Hydro-Québec certaines personnes étaient associées à l'Ordre du Temple solaire...

▒ *Il n'y a quand même aucune comparaison à faire entre l'Ordre de Jacques Cartier et l'Ordre du Temple solaire!*

Non, bien sûr. Je ne fais pas de parallèle entre les deux. Ce que je veux dire, c'est que, au sein d'une entreprise, l'adhésion d'individus à certains mouvements peut très bien passer inaperçue. Lorsque j'y étais, je n'en ai jamais entendu parler. Et je dois dire que le président de La Laurentienne à l'époque où je suis arrivé dans l'entreprise, celui qui a joué un rôle prédominant dans la fondation, le docteur Tardif, était un Canadien et il voyait le Québec à l'intérieur du Canada.

Mais l'idée de départ était de récupérer les capitaux et de les garder au Québec.

Oui, un peu comme le mouvement Desjardins, d'ailleurs. Ces gens-là, curieusement, venaient eux aussi de Lévis, comme les fondateurs du mouvement Desjardins.

Vous arrivez donc à La Laurentienne dans le cadre d'une acquisition: celle de l'Imperial Life, de Toronto, dont vous acceptez la direction. Qu'est-ce qu'un ancien ministre du gouvernement québécois, considéré comme un nationaliste, suspect même, aux yeux de certains, fait à la tête d'une compagnie d'assurance au nom très anglo-saxon, l'Impériale? Claude Castonguay, l'empereur de l'Impériale.

Les idées de développement de Jean-Marie Poitras, le grand patron de La Laurentienne, m'apparaissaient très intéressantes. Il se disait: «Si nous poursuivons le développement de La Laurentienne comme nous l'avons fait jusqu'ici, en augmentant notre chiffre d'affaires de dix pour cent, nous passons de cent millions à cent dix millions, une augmentation de dix millions. La SunLife, elle, a un chiffre d'affaires de un milliard. Si pendant la même période elle augmente elle aussi son chiffre d'affaires de dix pour cent, elle passe de un milliard à un milliard cent millions... L'écart va grandissant!»

L'idée lui est venue de faire une croissance par acquisitions, ce qui n'était pas très fréquent à l'époque. Si La Laurentienne avait continué sa progression «naturelle», elle serait toujours demeurée une compagnie relativement petite. Les acquisitions lui permettraient de croître beaucoup plus rapidement. Il souhaitait également diversifier les activités et assurer un développement hors des limites du Québec.

Il m'a demandé ce que j'en pensais. Nous avons examiné les choses ensemble et avons identifié une possibilité intéressante: l'Imperial Life. Cette compagnie était alors contrôlée par le groupe de Paul Desmarais, Power Corporation, qui contrôlait également la Great West Life. Nous avons su que le gouvernement fédéral, pour éviter une trop grande concentration dans le domaine des assurances, faisait des pressions sur monsieur Desmarais pour qu'il se départît de l'Imperial Life. Jean-Marie Poitras et moi sommes donc allés le rencontrer pour lui signifier notre intérêt à acquérir l'Imperial. Il a été très correct. Plutôt que de lancer un processus pour tenter d'obtenir le prix le plus élevé possible, il a convenu de négocier avec nous uniquement et nous en sommes venus à une entente. Je dois dire que j'ai beaucoup d'admiration pour Paul Desmarais. Il a posé plusieurs gestes de cette nature, gestes qui ne sont pas connus des Québécois.

C'est ainsi que nous avons pu acquérir l'Impériale.

Vous parlez de croissance sous le mode d'acquisitions. Ce qui était relativement nouveau pour l'époque est aujourd'hui assez répandu.

Effectivement. Dans bien des domaines, les acquisitions se multiplient avec l'ampleur grandissante des champs d'action des entreprises. Les entreprises aujourd'hui doivent, dans bien des domaines, fonctionner sur deux ou trois continents, d'où l'importance de consolider l'entreprise et de lui donner une certaine taille.

Même si ces idées n'étaient pas aussi répandues qu'aujourd'hui, déjà dans la conception de Jean-Marie Poitras ces choses apparaissaient comme importantes.

Si on compare la taille de l'Impériale à celle de La Laurentienne, la différence est de quel ordre?

À ce moment-là, je crois que l'Impériale était à peu près cinq fois plus grosse que La Laurentienne.

Pour les profanes que nous sommes, comment une entreprise au chiffre d'affaires de cent millions de dollars peut-elle prendre le contrôle d'une entreprise cinq fois plus grande?

D'abord en acquérant le contrôle du capital actions. Étant une entreprise plus petite, nous ne pouvions pas prendre de risque exagéré. Nous avons donc invité un groupe d'assureurs français à s'associer avec nous dans l'acquisition de l'Impériale. Ils ont pris trente-cinq pour cent du bloc d'actions. Nous avons aussi approché la Banque Canadienne Nationale — devenue par la suite la Banque Nationale — qui a acquis quinze pour cent des actions. Nous avions le contrôle avec les cinquante pour cent restants. Cela représentait une transaction de l'ordre de vingt-trois ou vingt-quatre millions de dollars. Grâce à ces deux associations, la part de La Laurentienne s'est trouvée réduite à douze millions, ce qui était tout à fait acceptable pour l'entreprise.

On m'a nommé président du conseil d'administration de l'Impériale. Cela assurait la dimension légale et financière de la transaction. Par la suite, il nous fallait voir comment intégrer l'Impériale pour qu'elle se développe de façon à influencer positivement La Laurentienne. Comment allions-nous créer des synergies entre les deux entreprises?

Il me fallait convaincre la direction de l'Impériale du bien-fondé de nos façons de faire et leur montrer que leur entreprise, et leurs clients, ne pourraient qu'en bénéficier. C'était toute une tâche que de créer un climat de confiance, d'établir de bons rapports en vue de prendre les bonnes décisions et de réinjecter une bouffée de dynamisme dans l'entreprise. L'Impériale s'était quelque peu sclérosée dans les dernières années et nous avons réussi à lui redonner vie. Les gens ont finalement accepté de travailler en équipe avec nous. Ils ont pris conscience que l'entreprise se développait davantage et que tout le monde en profitait.

Mais vous vous retrouviez dans un contexte bien différent du Québec: Toronto.

Effectivement. De plus, l'Impériale faisait des affaires au Royaume-Uni, aux États-Unis, aux Bahamas et en Jamaïque. Elle présentait une conception entièrement différente et nous conduisait dans un tout autre monde.

Heureusement, j'avais acquis, par mon expérience dans la marine, par mes études, par mon rôle en politique, une assez bonne connaissance du Canada anglais. J'étais aussi bien connu du Canada anglais. De plus, par ma formation comme actuaire, j'avais acquis une reconnaissance non seulement au Québec mais aussi aux États-Unis et au Canada: j'étais membre de la Society of Actuaries et de l'Institut canadien des actuaires.

Je connaissais le Canada tout aussi bien que mes nouveaux collègues de l'Impériale. Comme président du conseil d'administration, mon rôle était de rapprocher l'Impériale de La Laurentienne et d'en venir à développer des synergies. J'y voyais également une autre dimension: montrer que des anglophones et des francophones pouvaient travailler ensemble de façon positive dans le monde des affaires.

Mais c'est là tout un changement de perspectives. Le gars de Québec quitte une entreprise de petite taille, si on la compare à l'Impériale, arrive et devient le grand patron! Ça ne s'est probablement pas fait de gaieté de cœur!

Il y a effectivement eu beaucoup de résistances, quelques périodes difficiles, mais nous les avons traversées. Pendant un bon nombre d'années, l'Impériale a connu un beau développement. Cette belle histoire n'est pas terminée, elle se poursuit.

Lorsque vous êtes arrivé dans le Groupe La Laurentienne, saviez-vous qu'on vous réserverait de plus hautes fonctions?

En fait, le Groupe n'existait pas à l'époque. Il y avait la compagnie La Laurentienne-Vie. Par la suite, celle-ci avait fait l'acquisition, avec l'aide de la Banque Nationale et d'un groupe d'assureurs français, de La Prévoyance, compagnie d'assurance générale. Il y avait donc une compagnie d'assurance-vie, une compagnie d'assurance générale; avec l'acquisition de l'Impériale, l'entreprise initiale était en voie de devenir un groupe de compagnies. Nous avons commencé à utiliser l'appellation Groupe La Laurentienne. Jean-Marie Poitras était l'âme dirigeante du Groupe. Pour ma part, j'avais pris la direction à Toronto.

Avec le temps, nous avons fait d'autres acquisitions et l'idée d'intégrer toutes ces compagnies dans un véritable groupe s'est peu à peu développée. À ce moment-là, Jean-Marie Poitras, approchant l'âge de la retraite, a choisi de se retirer et j'ai pris la relève.

Lorsqu'on regarde l'évolution de cette entreprise, on se rend compte que nous vivons aujourd'hui le décloisonnement que vous avez initié. Aviez-vous des dons de voyance? Comment expliquer que vous ayez vu venir le décloisonnement, et que vous et d'autres ayez posé des gestes en ce sens?

Il m'apparaissait évident que c'était la direction que nous prendrions. Je savais que l'avenir nous conduirait dans un rapprochement des diverses façons de satisfaire les besoins des individus et des entreprises au niveau de services financiers, que ce soit par l'assurance, des fonds mutuels, des placements ou des services bancaires. C'était l'orientation de l'avenir. Ainsi, nous avons voulu créer un groupe diversifié de services financiers. C'était effectivement une première, pour l'époque. D'ailleurs, nous avons convaincu le gouvernement, le ministre des Finances Jacques Parizeau, entre autres, du bien-fondé de cette vision.

Monsieur Parizeau connaissait la nature du problème.

Oui. Il avait présidé, quelques années plus tôt, un groupe de travail sur l'avenir des institutions financières. Il avait observé l'évolution des sociétés d'assurance, des banques, des sociétés de fiducie et voyait venir la disparition des frontières entre ces institutions et peut-être même leur regroupement éventuel.

Monsieur Castonguay, lorsqu'on suit l'itinéraire de divers groupes québécois, on se rend compte que le Québec est un tout petit monde où les adversaires d'un jour le lendemain se retrouvent alliés.

Ce que vous affirmez est tout à fait vrai et il est malheureux que nous nous soyons toujours divisés, entre nous, au sujet de la place du Québec au sein du Canada. Ces divisions, bien souvent, freinent les collaborations.

Je suis donc allé voir Parizeau, que je connaissais, bien sûr, et je lui ai fait part de mes vues sur le décloisonnement, sur l'importance de le réaliser. En effet, il finirait par se produire, et c'était peut-être là l'occasion de nous donner une longueur d'avance. Jacques Parizeau a été convaincu que c'était très sensé et il a fait le nécessaire au plan législatif pour que ça soit possible.

Saviez-vous, à ce moment-là, que monsieur Parizeau avait déjà écrit sur la question?

Oui, il avait une bonne connaissance du domaine. Je ne crois pas toutefois qu'il ait vu, lors du groupe de travail qu'il a présidé, l'importance du décloisonnement et la nécessité de le réaliser. Il l'a cependant vu très clairement lorsque je lui en ai parlé.

Vous avez donc senti là, chez votre adversaire d'hier, et chez votre collègue d'hier, un appui considérable.

Oui. C'est lui qui a fait adopter la loi permettant le décloisonnement.

Il est étrange de voir qu'en politique, ce ne sont pas nécessairement vos amis qui vous aident le plus. Pendant des années, j'ai essayé de convaincre nos amis libéraux à Ottawa de modifier un peu la loi fédérale pour nous permettre de conserver le contrôle de la Banque d'Épargne. Ils ont toujours refusé. Ce n'est que lorsque les conservateurs sont arrivés au pouvoir et ont apporté les amendements souhaités que la situation a été clarifiée, en 1987. Les événements se déroulent parfois de façon plutôt étrange...

D'ailleurs, ne vous reprochait-on pas d'agir presque dans l'illégalité, du moins de ne pas respecter l'esprit de la loi, lorsque des compagnies comme la vôtre ont pris le contrôle d'une banque?

Ottawa avait modifié la loi des banques à charte, mais avait oublié de modifier celle des banques d'épargne. Nous avons pris le contrôle parce que la loi nous permettait de le faire. On nous disait que l'esprit de la loi nous le défendait, même si la lettre nous le permettait. Ces nuances sont tout de même un peu étranges et peuvent conduire à tout!

L'ŒUVRE DE CLAUDE CASTONGUAY

Monsieur Castonguay, qu'avez-vous créé au Groupe La Laurentienne?

Nous avons mis sur pied un groupe qui s'est beaucoup développé, a créé de nombreux emplois et a permis la création d'autres organismes. Je pense par exemple à Canagex, une compagnie qui œuvre dans la gestion de fonds et contrôle une dizaine de milliards de dollars. De la petite Banque d'épargne, qui après cent trente années d'existence avait un actif d'à peine un milliard et dont les activités étaient limitées à Montréal, de cette petite banque nous avons fait une banque canadienne qui rayonne à travers le pays. C'est aujourd'hui une belle institution financière, qui a plus de vingt milliards d'actifs et dont le siège social est situé à Montréal. Elle rend de nombreux services aux Québécois et crée de nombreux emplois.

Alors que le Groupe La Laurentienne était détenu par la compagnie mère, La Laurentienne-Vie, une mutuelle détenue par ses assurés, nous avons eu une importante décision à prendre. Comme nous ne pouvions pas aller chercher du capital extérieur, deux options s'offraient à nous: nous départir de certaines compagnies acquises, dans le but de refaire nos liquidités, ou fusionner avec une autre institution et garder ainsi le Groupe intact. Nous avons opté pour la seconde option et nous nous sommes associés au mouvement Desjardins. Le résultat de ce mariage s'est avéré extrêmement décevant sur le plan personnel. En effet, le mouvement Desjardins a, pour une large part, procédé au démantèlement du Groupe. Il a laissé aller les opérations en Angleterre et aux États-Unis. Il a abandonné les opérations de gestion de placement. Il a également laissé aller son contrôle de la Banque Laurentienne, faisant en sorte qu'aujourd'hui elle est détenue par des actionnaires, aucun ne pouvant posséder plus de dix pour cent des actions.

Cependant, et c'est un résultat positif, ils ont fusionné les opérations d'assurance-vie de La Laurentienne à l'assurance-vie Desjardins. Cela a créé la plus importante société d'assurance québécoise, détenue par des Québécois, l'Assurance-vie Desjardins-La Laurentienne.

La Laurentienne, compagnie d'assurance générale, a connu un autre cheminement: elle est aujourd'hui devenue Boréal, à l'intérieur du groupe Axa, une des plus belles compagnies d'assurance générale au pays. Même si sa propriété n'est plus dans les mains de Québécois, elle est tout de même située ici et, ce qui est très important, le centre de décision est ici.

Je pense que nous avons fait cheminer ces entreprises d'une manière extrêmement valable pour les Québécois et pour l'économie québécoise.

Dans le cheminement de ces entreprises, vous conservez tout de même une part de déception. Ce que vous aviez construit, à partir des idées de Jean-Marie Poitras, par votre travail, on ne le retrouve plus aujourd'hui, sinon sous d'autres noms et sous d'autres formes.

C'est vrai. Mais je me console à l'idée que l'Assurance-vie Desjardins-Laurentienne est encore aujourd'hui détenue par ses assurés. Les assurés de La Laurentienne-Vie sont toujours propriétaires de leur compagnie d'assurance, même si elle fait désormais partie d'un groupe élargi et fort.

La Banque est détenue encore aujourd'hui par ses actionnaires. C'est une institution vraiment québécoise, qui a fait des progrès considérables.

Même si ces entreprises ne correspondent pas aux modèles que nous avions envisagés, Jean-Marie Poitras et moi, nous avons tout de même contribué au maintien de deux institutions très fortes au Québec, détenues par des actionnaires majoritairement québécois.

À travers les diverses prises de contrôle, à travers le besoin de construire des choses différentes, est-ce que la dimension de nationalisme économique entrait en ligne de compte?

Je n'aime pas cette expression. Lorsque les Britanniques essaient de développer les affaires en Angleterre, qu'ils tentent de contrôler, qu'ils augmentent la prospérité du pays, créent de l'emploi et réduisent le chômage, on dit: «C'est merveilleux.» Lorsque les Américains font la même chose, on dit: «C'est merveilleux.» Lorsqu'on regarde les gens à Toronto, Vancouver ou Calgary développer leurs affaires et faire de leurs villes des villes prospères, on dit: «C'est merveilleux.» Et lorsque, ici au Québec, nous tentons de développer l'économie, de créer des emplois et d'augmenter la prospérité, moi, je dis: «Nous faisons exactement comme les autres!» C'est tout à fait normal. Je ne vois pas cela comme du nationalisme.

Mais on a eu l'impression que vous faisiez partie d'un groupe de francophones, que vous vous connaissiez très bien, que vous aviez établi des liens entre vous, ce qui facilite les choses...

Oui. Mais allez à Toronto: les gens d'affaires se connaissent et s'entraident. À New York, c'est la même chose. Cela fait partie de la dynamique humaine. Il est normal de faire des affaires d'abord avec des gens que l'on connaît, de s'entraider, dans la mesure du possible.

Monsieur Castonguay, quelle est votre façon de faire des affaires?

Comme je vous le disais, je n'ai jamais vu mon rôle comme étant d'exercer un pouvoir. Il s'agissait bien davantage d'essayer de gagner la confiance de mes collaborateurs, de les convaincre de la justesse d'une orientation à prendre, par exemple, de créer entre nous un esprit d'équipe.

Mais on dit que certains de vos collaborateurs, des gens très sûrs d'eux-mêmes, pouvaient être intimidés par votre façon très cartésienne de faire les choses.

Évidemment! J'ai une formation en mathématiques, science basée sur la logique. En mathématiques, s'il y a une erreur ou une faille dans un raisonnement, il est impossible d'aller jusqu'au bout. Le raisonnement est bloqué, un peu comme un mécanisme qui comporterait un défaut et dont le mouvement serait immédiatement stoppé. Mon esprit a été formé dans cet univers. Alors quand je discute avec des gens ou que j'examine une question, s'il y a une faille, une faiblesse dans le discours ou le développement, je suis peut-être plus porté que d'autres à la voir.

De plus, sûrement à cause de ma formation, j'aime bien exposer les problèmes par écrit. J'ai appris que le discours verbal peut laisser des trous, qui sont nécessairement mis en évidence lorsqu'on tente d'écrire le même raisonnement. Quand un de mes collaborateurs me présentait un projet, une idée, je lui demandais généralement de bien le présenter par écrit. Je sais que cette discipline oblige à la rigueur, ce qui détonnait un peu par rapport aux façons de faire de mes prédécesseurs peut-être moins rigoureux ou exigeants.

On dit qu'il ne fallait pas, en votre présence, se mettre à parler de la partie de hockey de la veille, par exemple, pendant une réunion.

J'ai adopté comme mode de fonctionnement qu'au travail, je m'en tiens au travail. Lorsque c'est terminé, je peux passer à autre chose. Mais je n'ai jamais aimé perdre mon temps dans les bureaux à jaser de choses et d'autres. Quand c'est le temps de travailler, je travaille.

Dans votre cas, donc, peu de place à l'improvisation.

Eh bien! nous vivons dans un monde assez exigeant. Au début de ma carrière, il y avait beaucoup d'amateurisme, dans le monde des affaires. Heureusement, les choses ont beaucoup changé et ce n'est plus le cas aujourd'hui. Dans les petites compagnies comme La Laurentienne, où j'ai travaillé au tout début des années cinquante, il y avait des gens très bien, de bien bonnes personnes, mais pas très professionnelles, pas tellement rigoureuses. Je me disais: «Si je veux réussir, je dois être plus exigeant envers moi-même.» Je savais que je devais viser des critères de qualité et de compétence plus grands que ce que je voyais au début de ma carrière.

UN BILAN

Vous êtes aujourd'hui encore lié à la Banque Laurentienne. Je ne sais si le terme est trop fort: vous êtes dans une semi-retraite.

Non, le terme n'est pas trop fort. Je suis vice-président du conseil d'administration, mais je n'ai aucune fonction dans le quotidien de la Banque.

Lorsqu'on assume des fonctions en politique ou dans le monde des affaires, comme vous l'avez fait, existe-t-il une solitude au sommet? Avez-vous éprouvé une certaine solitude dans votre carrière?

C'est effectivement une chose difficile à vivre. Même lorsque j'étais ministre de la Santé et des affaires sociales, j'ai éprouvé une telle solitude. J'avais à prendre des décisions, et je savais que j'étais le seul à pouvoir les prendre. J'avais beau consulter, demander conseil, en parler à d'autres, la décision me revenait à moi, et pas aux autres. Et ça, c'est difficile.

À la tête d'une entreprise, c'est un peu la même chose. Je devais parfois servir d'arbitre: certains voulaient aller dans un sens; d'autres souhaitaient prendre la direction opposée. Ce n'était pas toujours très clair; je devais fonctionner avec l'information dont je disposais. Je n'avais pas toujours le temps d'approfondir les questions autant que je l'aurais souhaité. C'était parfois très dur.

Il arrivait aussi que je doive demander à certaines personnes qui, à une étape, avaient joué un rôle très utile, de laisser leur place à d'autres, parce qu'elles avaient été incapables de suivre le développement et la progression de l'entreprise. Ces décisions et leur mise en application sont toujours difficiles et ne peuvent être évitées.

Êtes-vous conscient de représenter un modèle pour de jeunes entrepreneurs québécois, pour des personnes qui veulent percer dans le monde des affaires? Êtes-vous conscient d'avoir, avec d'autres à vos côtés, tracé une voie?

Des gens viennent souvent me demander conseil. Certaines personnes aiment bien venir discuter avec moi de leur orientation, de leur avenir, de leur façon de s'y prendre. Je suis d'ailleurs encore impliqué dans quelques petites entreprises. J'aime bien les voir se développer.

Vous effectuez une certaine forme de parrainage, comme c'est le cas dans certains milieux?

Ça ressemble effectivement à un parrainage, d'une certaine façon. Je suis par exemple président du conseil d'administration d'une petite entreprise de multimédia, et j'y ai investi un peu d'argent. L'entreprise a été mise sur pied par des jeunes remplis de dynamisme. J'essaie de faire en sorte qu'ils soient bien encadrés, en leur laissant toute la latitude possible pour mettre en œuvre leur créativité. J'essaie d'apporter un support pour que l'entreprise se développe de façon équilibrée et saine, et que les jeunes puissent laisser aller leur imagination. J'aime bien ce type d'engagement.

Je suis aussi impliqué dans une entreprise de bio-sciences qui fait beaucoup de recherches pour développer des produits et des services. L'entreprise est formée de chercheurs, avec des doctorats en médecine ou en sciences. J'essaie de jouer le même type de rôle pour eux.

Vous ne faites pas cela pour faire fortune.

Non, ce n'est pas ma motivation principale. Au contraire.

Vous avez déjà affirmé, je crois, que votre père n'était pas attaché à l'argent. Faire de l'argent, est-ce important pour vous?

Au sein du Groupe La Laurentienne, mon but était de développer un groupe de services financiers intéressants et efficaces. J'étais bien rémunéré. Certaines années, j'ai même refusé l'augmentation qu'on me proposait parce que je n'étais pas satisfait des résultats obtenus, je me disais: «Il me semble que cette année, je ne la mérite pas.»

J'étais bien rémunéré, mais mon salaire n'était pas du tout comparable à ceux qu'on accorde aux dirigeants d'entreprises aujourd'hui.

Vous dites que vous ne receviez pas le salaire des banquiers dont on parle actuellement, à quelques millions de dollars par année.

Mon salaire était d'un tout autre ordre. On pourrait faire le parallèle avec le salaire des joueurs de hockey il y a vingt ans et les salaires qu'on verse aux joueurs aujourd'hui.

Cependant, je considère avoir toujours été bien rémunéré pour ce que je faisais. Mais l'argent n'était pas ma motivation première.

En ce sens, diriez-vous que vous ressemblez à votre père?

Oui, probablement. D'ailleurs, si mon but avait été de faire le plus d'argent possible, je n'aurais pas choisi de m'engager en politique; et comme actuaire, je n'aurais pas choisi de présider des commissions d'enquêtes. Tout cela n'est pas très payant! Je serais resté dans le monde des affaires, pour faire le plus d'argent le plus rapidement possible. Mais ce n'était définitivement pas ma motivation.

Quand on regarde l'évolution des grandes entreprises au cours des dix dernières années, on constate que certaines ont fait des bons énormes. Quand on révèle les chiffres mirobolants de leurs profits, comment les gens doivent-ils percevoir le développement de ces entreprises géantes, qui sont d'ailleurs de plus en plus rares au sommet?

Les chiffres absolus des bénéfices de certaines entreprises doivent être mesurés par rapport aux capitaux investis et aux risques qui sont pris. En effet, un bénéfice de cent millions peut paraître énorme, mais s'il correspond à des capitaux de plusieurs milliards, il peut même être insuffisant au point de vue de la rentabilité de l'entreprise. De tels chiffres créent beaucoup de confusion dans l'opinion publique. Il est toujours question de l'ampleur des bénéfices, mais jamais des capitaux investis et des risques encourus.

Une autre question délicate est celle des salaires. Les compagnies engagées dans la concurrence à l'échelle internationale et qui produisent des biens ou des services exigeant une certaine expertise tentent, bien entendu, d'attirer les ressources humaines les plus compétentes et essaient de les retenir par tous les moyens possibles. Dans ces entreprises, les employés sont généralement très bien payés. Pour maintenir la compétitivité de l'entreprise, ils doivent être les meilleurs.

Nous avons parlé de deux carrières: celle de l'homme politique et celle de l'homme d'affaires. Laquelle vous a donné le plus de satisfaction, le plus de plaisir?

La satisfaction n'est pas de même nature. La politique peut offrir les plus grandes satisfactions... et les plus grandes déceptions. Elle est faite de hauts et de bas. Ce que j'ai pu y réaliser est d'un autre ordre qu'en affaires. J'ai eu de grandes satisfactions: nous avons parlé du Régime des rentes du Québec, de l'assurance-maladie. En revanche, j'ai éprouvé de grandes déceptions: Victoria en est un exemple.

Le monde des affaires se présente davantage comme une sorte de continuum. J'ai eu la possibilité de développer une entreprise, de la voir prendre du dynamisme, de m'entourer d'une équipe. Tout cela est positif, stimulant, mais ça ne m'a pas conduit au même niveau de satisfaction que la politique. J'ai toutefois rarement eu les mêmes déceptions...

Quel a été votre plus beau coup en affaires?

Je dirais que c'est l'acquisition de la Banque Laurentienne, une belle institution québécoise importante et dynamique.

... *à laquelle les Québécois se sont peu identifiés, comme si c'était «la banque des autres». Je me trompe peut-être...*

Mais il y a seulement dix ans que nous avons fait l'acquisition de la Banque Laurentienne.

Claude Castonguay, chancelier de l'Université de Montréal, remet un doctorat honorifique à Raymond Barre, ex-premier ministre de France, juin 1988.

Avant, elle s'appelait la Banque d'épargne du district de Montréal.

C'est exact. D'ailleurs, elle s'était un peu endormie. Mais en dix ans, elle est devenue une des belles institutions financières québécoises.

Personnellement, je continue de croire que les banques jouent un rôle central dans notre économie. Les compagnies d'assurance aussi, mais leur rôle est moins prédominant que celui des banques. Sans la Banque Laurentienne, il ne resterait au Québec que la Banque Nationale!

Quel a été votre plus mauvais coup en affaires?

Pour être bien honnête, je dois dire qu'il y en a eu deux ou trois, tous causés par ce qui me faisait hésiter à me lancer dans une carrière politique. À quelques reprises, j'aurais dû faire davantage preuve de fermeté.

J'avais déjà refusé un projet de transaction aux États-Unis. Notre responsable là-bas, qui nous avait jusque-là rendu de fiers services, est revenu à la charge à deux reprises, tentant de me démontrer que j'avais tort de refuser. Finalement, il a transposé la question au plan de la confiance, affirmant que si je refusais à nouveau, c'est que je n'avais pas confiance en lui. J'ai été incapable de poursuivre en restant sur ma position. Je l'ai donc laissé aller, et il a fait une erreur qui nous a coûté très cher.

J'ai vécu une expérience de même nature dans le domaine de la réassurance. Les gens dans notre entreprise étaient très qualifiés comme assureurs directs; ils savaient prendre des risques dans l'assurance de personnes ou les assurances générales. Mais ils ne connaissaient pas bien la prise de risque au niveau de la réassurance, ce qui est entièrement différent. J'étais donc arrivé à la conclusion que nous devions nous retirer de ce secteur d'activité. Les gens m'ont dit: «Est-ce que nous pouvons au moins essayer de vous convaincre que nous devons demeurer dans ce domaine? — Essayez, à tout le moins.» Ils m'ont présenté un rapport, mais sans réussir à me convaincre. Ils sont revenus à la charge en me demandant de rester présents, mais uniquement dans les secteurs où les risques étaient limités. J'aurais dû continuer à dire non, mais j'ai dit oui. Et comme ces gens ne connaissaient pas le domaine dans lequel ils s'engageaient, ils s'y sont lancés en pensant que les risques étaient limités, ce qui n'était pas le cas. Cela nous a aussi coûté cher.

Je crois que c'est exactement ce qui me faisait hésiter dans le monde politique: mon incapacité à être assez ferme pour faire mal, sur le coup, à une personne.

▒ *L'instinct du tueur n'est pas en vous.*

Non, pas du tout. J'étais incapable de leur dire: «Non, c'est non. Un point, c'est tout!» Je les respectais, nous travaillions ensemble, j'étais incapable de leur faire mal ou de leur causer une grande déception. Ça m'est arrivé à quelques reprises dans ma carrière.

▒ *Vous parliez tout à l'heure de votre implication auprès de jeunes entreprises. Quelles sont vos réflexions lorsque vous regardez l'évolution économique des jeunes? Avez-vous de l'espoir? Il y a tant de discours négatifs au sujet des jeunes, on voit souvent tout en noir dans l'information qui est transmise... Quelle est votre vision des jeunes?*

D'abord, je vois un tas de jeunes qui sont extrêmement bien formés. J'admire leur compétence, leur rigueur, leur capacité de travail, les expériences déjà acquises, leur ouverture vis-à-vis de l'extérieur, leur goût du risque, leur sens de l'entrepreneuriat. J'ai confiance en cette nouvelle génération d'hommes et de femmes d'affaires.

Regardez tout ce qu'ils font dans le secteur des technologies de l'information. Je suis membre du conseil d'administration de Télésystème, l'entreprise de Charles Sirois. Je vois là un tas de jeunes absolument extraordinaires. C'est la même chose dans la petite compagnie de multimédia dont je vous parlais tout à l'heure. Chez Bombardier aussi, il se fait beaucoup de belles réussites.

Au Québec, nous avons un esprit créateur. Nous sommes capables de faire les choses aussi bien que les autres. Si nous arrivions cependant à nous unir davantage, nous pourrions faire des merveilles!

Nos gouvernements pourraient être un peu moins interventionnistes... nous sommes très français de ce point de vue. Les gouvernements veulent tout réglementer. Le système et la bureaucratie deviennent lourds, contraignants et inefficaces.

Vous dites: «Si nous arrivions à nous unir...» Nous unir... mais de quel côté?

Ça fait trente ans que nous nous divisons sur la question de l'avenir du Québec. Honoré Mercier en parlait au début du siècle en disant que nous devrions nous unir davantage et que nous serions alors plus forts. Le problème reste présent encore aujourd'hui!

D'où ma question: nous unir, mais dans quel sens? Les tenants de l'indépendance diraient «nous unir dans un Québec souverain»; les tenants du fédéralisme diraient l'inverse... Nous unir dans quel sens?

Unissons-nous et cessons de rêver. Il sera toujours un peu difficile et compliqué de vivre à l'intérieur du Canada, mais c'est là qu'est notre avenir.

À l'œuvre dans l'atelier
du domaine Cataraqui,
vers 1985.

4

L'homme derrière le personnage public

Derrière le personnage public, l'homme politique ou l'homme d'affaires, y a-t-il un autre Claude Castonguay plus discret, plus intime, plus secret?

Évidemment, il y a un individu privé. C'est à vous d'essayer de le découvrir!

Mais vous avez toujours été discret au sujet de votre vie privée.

Je ne suis pas le seul à avoir agi de cette façon. Je n'ai jamais considéré que le fait de jouer un rôle sur la scène publique était pour moi l'occasion de livrer ma vie privée, de l'exposer au public. J'ai toujours fait la différence entre ce qui était du domaine de ma vie publique et ce qui était privé.

Monsieur Castonguay, vous avez toujours projeté l'image d'un homme froid et sévère, nous en avons parlé au début de cet entretien. «L'homme qui ne sourit jamais», disait-on de vous. Vous nous avez dit tout à l'heure que cette image n'est pas conforme à la réalité. Quelle image avez-vous eu pour votre famille, pour vos enfants?

J'aimerais bien qu'ils soient ici; ils pourraient exprimer mieux que quiconque quelle image j'ai eu pour eux.

Tout d'abord, Mimi et moi avons toujours gardé la porte grande ouverte pour nos enfants, peu importe leurs bons ou mauvais coups. Comme tous les autres, ils ont fait leurs erreurs, comme nous avons fait, nous aussi, nos erreurs de jeunesse. Mais pour eux la porte a toujours été ouverte.

Nous avons essayé aussi de maintenir un climat où les enfants pouvaient nous parler, se confier, nous partager librement leurs problèmes, leurs difficultés. Nous avons tenté de créer une atmosphère chaleureuse, agréable. Nos enfants viennent souvent nous visiter à notre résidence secondaire. Là, c'est la détente, tout est agréable. Nous nous préparons de bons repas; les enfants font du sport, nous faisons toutes sortes d'activités tous ensemble.

Encore aujourd'hui, nos enfants sollicitent notre présence, ils nous invitent chez eux, nous font partager leurs activités, nous voyageons avec eux, etc. Je ne crois pas que ces invitations soient dictées par l'obligation de voir leurs parents de temps en temps... Au contraire.

J'ai avec mes enfants un rapport très ouvert, très positif, qui ne peut être basé sur une chose comme la sévérité.

Avez-vous été sévère avec vos enfants? Vous qui êtes exigeant envers vous-même, l'avez-vous été pour vous enfants?

Mimi et moi avons essayé d'établir une certaine discipline, un certain cadre, tout en leur laissant, à l'intérieur de ce cadre, le plus de latitude possible. Je ne pense pas que nos enfants se soient sentis brimés, contraints. Ils ont certainement senti et compris, à certains moments, qu'il y avait des limites. Mais nous essayions de maintenir le cadre le plus large possible.

L'HOMME ET SES VALEURS

Devant une personne comme vous qui a, dans la société, une certaine influence, il est parfois très riche de la considérer sous un nouveau jour, dans ce qui fait sa vie privée. On peut alors découvrir ses motivations profondes, les valeurs qui l'animent, la source de ses engagements. Cela peut être très riche. Prenons un exemple. Monsieur Castonguay, nous avons parlé précédemment de votre mariage avec mademoiselle Fauteux, un mariage qui dure toujours. C'est ce qu'on appelle de la fidélité à un engagement. Quelle importance accordez-vous à la fidélité?

Lorsque je prends un engagement, il est important pour moi de le respecter et de faire en sorte que je sois capable de le respecter.

Vous parlez de mon mariage. Eh bien! à l'époque où je me suis marié, c'était pour la vie. On ne se mariait pas pour quelques années. Je me suis marié pour la vie, et j'ai fait en sorte, nous avons fait en sorte que notre mariage soit un succès. Nous avons rencontré des difficultés, comme tout le monde. Mais nous les avons surmontées. Cela m'apparaissait être une donnée de base, quelque chose qu'on ne remet pas en cause.

C'est la même chose vis-à-vis de mes enfants, de mes amis, en affaires. Lorsque je prends un engagement, je dois le respecter. Il me semble que c'est une donnée fondamentale dans les relations humaines. Sans fidélité, nous vivons dans un monde rempli d'insécurités, qui peut devenir très dur. En tout cas, on fausse quelque chose de fondamental.

J'ignore si vous avez eu l'occasion d'en parler avec vos enfants... mais comment perçoivent-ils cet engagement qui dure entre vous et votre femme? Est-ce pour eux une notion dépassée, quelque chose qui vaut bien pour papa et maman... «mais ne venez pas nous embêter avec ça!» La fidélité est-elle une valeur qui a encore cours aujourd'hui?

Aujourd'hui, mes enfants sont dans la trentaine. Il y a une quinzaine d'années, lorsqu'ils étaient plus jeunes, ils trouvaient peut-être étrange de voir que, alors qu'un peu partout les mariages se brisaient, mon épouse et moi continuions de vivre ensemble. Je pense qu'aujourd'hui, à l'heure où ils sont eux-mêmes parents, ils sont conscients de ce qu'est la vie, de ses difficultés, des avantages à faire face à la vie à deux, la sécurité et les compensations qu'un tel engagement peut apporter; ils prennent conscience de l'importance de cette valeur. C'est en fait la valeur de la famille, une valeur sûre qui, si on arrive à la conserver, est peut-être l'une des plus belles valeurs.

La famille: la valeur sûre à la manière de Claude Castonguay.

Oui.

*En visite chez Philippe Castonguay
et Élizabeth Perrault,
Londres, février 1990.*

Cet esprit de famille dont vous parlez ressemble-t-il à ce que vous avez vécu dans votre famille, avec vos frères et votre sœur?

Non. Nous étions une famille très unie; nous avons vécu dans une certaine sérénité, dans le calme. Mais il n'y avait pas beaucoup de communication entre les enfants et mes parents. On aurait dit une certaine gêne, qui venait peut-être du contexte religieux, un peu janséniste, de l'époque. Mes choix personnels à l'adolescence, mes choix professionnels, j'ai dû les faire seul, très seul. Il n'existait pas de rapport étroit entre parents et enfants.

En revanche, avec mon épouse, nous avons pu nouer des rapports extrêmement étroits avec nos enfants. Ceux-ci se confient à nous et nous demandent conseil, encore aujourd'hui.

Parmi les hommes de carrière, de nos jours, peu nombreux sont ceux qui expriment le besoin qu'ils ont de leur famille. Pouvez-vous affirmer que vous aviez besoin de cette vie familiale?

Oui, définitivement. Pour moi, l'essentiel était ma vie familiale. Ce qui se passait à l'extérieur m'intéressait, mais n'était pas au centre de ma vie.

La dynamique familiale que vous avez pu créer avec vos enfants, ce lien très étroit qui vous unit, est-ce une richesse dont vos parents se sont privés, par la force des choses?

J'ignore comment ils ont réagi. Je peux cependant affirmer que si j'en avais été privé, j'aurais perdu quelque chose de très important. J'ai d'ailleurs fait des choix, et je l'ai mentionné plus tôt, en fonction de cette dimension de ma vie. Aujourd'hui, trente ans plus tard, je considère toujours avoir fait le bon choix. La vie familiale et la vie de couple m'apparaissent encore ce qu'il y a de plus important dans la vie. Mes rapports avec mes enfants, mes petits-enfants, avec mon épouse, sont les valeurs les plus stables et les plus enrichissantes qu'on puisse trouver.

Votre épouse a déjà dit de vous que vous étiez son «Gibraltar», parce que vous lui apportiez une forme de sécurité. Est-ce de ce type de sécurité dont vous parlez?

Non, pas tout à fait. En fait, c'est une journaliste qui lui avait attribué ces propos. Nos amis nous ont d'ailleurs beaucoup taquinés avec cette image. Elle voulait dire par là que j'apportais une forme de stabilité, que j'étais pour Mimi quelqu'un de rassurant. C'était pour elle un aspect positif au moment où nous élevions nos enfants, où nous avions peu d'argent et faisions face à des obligations financières. La stabilité et la continuité que je représentais étaient rassurantes pour elle.

Lorsque je parle de la famille, je me situe à un autre niveau. Je parle de ce que peut représenter pour les membres d'une famille de savoir qu'ils appartiennent à une unité où l'on s'entraide. Quand un des membres a un problème, les autres sont là pour l'aider. Si la personne se sent seule, elle sait qu'elle peut compter sur sa famille pour trouver conseil ou réconfort. Il y a aussi, dans les rencontres de famille, un esprit qui ne se retrouve pas ailleurs. Des réunions d'amis peuvent être très agréables, intéressantes, mais ce n'est jamais tout à fait la même chose qu'une rencontre de famille. Au fil des ans se tissent des liens profonds de solidarité qui doivent se maintenir.

Vous parlez presque d'un esprit de clan. Y a-t-il un clan Castonguay?

Nous ne sommes pas une grosse famille, mais avec mes enfants, leurs conjoints, nos petits-enfants, nous avons une vie familiale très active et très intense.

Je ne vous demanderai pas de parler au nom de votre femme, mais seulement en votre nom... Y a-t-il une recette pour que votre engagement ait duré?

On parle peu de cela aujourd'hui, mais je pense qu'il y avait ce qu'on appelait à l'époque le renoncement. On ne pensait pas uniquement à soi, mais aussi à l'autre et à l'importance de maintenir la famille. En d'autres termes, on était prêt à faire des sacrifices.

Je me souviens que dans mon enfance, dans ma jeunesse, l'idée de devoir faire des sacrifices — c'est ainsi que ça s'appelait — faisait partie de ma vie. Je me suis marié en sachant très bien qu'il y aurait parfois des contretemps, des sacrifices à faire. Je savais que je ne pourrais pas tout avoir, que je devrais faire des choix.

Aujourd'hui, j'ai l'impression que bien des gens s'engagent dans des relations et aux premières difficultés un peu sérieuses, plutôt que d'y faire face, ils disent: «Très bien. Reprenons chacun notre voie. C'est tout.» Parmi les mariages qui éclatent aujourd'hui, nombreux sont ceux qui, dans le contexte où je me suis engagé, auraient survécu.

Vous est-il arrivé d'avoir des doutes, de tout remettre en question, que ce soit dans votre vie de couple ou dans votre vie personnelle?

Bien sûr. Vous savez, malgré ce que nous avons essayé de faire, mon épouse et moi, deux de mes trois enfants ont connu une séparation. Ils sont les enfants de leur époque! Je vois toutefois les problèmes que cette situation crée pour nos petits-enfants, les tiraillements entre le père et la mère. C'est très mauvais pour eux.

Sur le plan personnel, il est sûr que j'ai eu à l'occasion des doutes, des interrogations. La vie n'est jamais simple!

Choisir une chose, c'est aussi en abandonner certaines autres. Choisir de vivre avec votre épouse, c'était renoncer aux autres femmes. On a l'impression que souvent, aujourd'hui, des jeunes croient que tout est fini dès que survient le moindre coup dur…

Lorsque je me suis marié, pour moi, c'était pour la vie. Alors quand je rencontrais d'autres femmes, que ce soit sur le plan professionnel ou personnel, je ne me questionnais pas à savoir s'il serait agréable ou non de vivre avec elles. Cette question ne se posait pas pour moi. J'ai mis cela de côté.

▒ *Vous n'avez pas eu à résister?*

Non. Non. Honnêtement, non.

▒ *Au moment où tant de couples ont de la difficulté à nourrir leur relation, en vieillissant, comment pourriez-vous qualifier votre rapport à votre femme aujourd'hui?*

J'ignore ce qui fait en sorte qu'un jour la qualité des rapports entre deux personnes se détériore. C'est peut-être le manque de respect ou l'absence de préoccupation l'un de l'autre… Je dois dire, pour ma part, que la personne que je voyais dans celle qui est devenue mon épouse ne s'est jamais démentie. Au contraire, j'ai même découvert, au fil des ans, à travers les épreuves, les difficultés, une grande détermination et des qualités qui sont devenues de plus en plus évidentes. Les gestes qu'elle a posés ont permis peu à peu à notre relation de s'approfondir.

▒ *Diriez-vous que la qualité des gestes est devenue plus évidente quand vous vous êtes donné le temps de mieux regarder, ou de mieux voir?*

Non. C'est la vie qui le permet. À travers des épreuves, des difficultés, j'ai senti près de moi une personne qui m'appuyait dans toute la mesure du possible, malgré les difficultés et les inconvénients engendrés par la situation. Je ne pouvais faire autrement que de constater les qualités de la personne que j'avais épousée.

▒ *Dans votre vie familiale, qui a dû renoncer le plus? Vous avez été un homme très occupé. Je lisais par exemple la description de votre emploi du temps à une certaine époque: vous passiez la journée au bureau, vous étiez de retour à la maison pour le souper et, dès vingt et une heures, vous vous retiriez dans votre bureau pour en ressortir quelques heures plus tard... La vie de votre famille s'est-elle organisée autour de vous? Avez-vous l'impression que d'autres ont dû renoncer plus que vous dans l'organisation de votre vie familiale?*

Mon épouse et moi avons essayé de maintenir, de ce côté-là, un certain équilibre. J'ai toujours gardé du temps hors du travail pour nourrir ma relation avec mon épouse et mes enfants. J'ai tenté de faire la part des choses. Certaines époques ont peut-être été plus difficiles pour eux.

Depuis quelques années, il y a des jours où j'aimerais être plus actif, mais je me dis que c'est peut-être au tour de mon épouse à organiser une vie qui lui convienne. Aujourd'hui, j'ai l'impression que ça va dans l'autre sens.

▒ *Vos filles et votre fils ont-il trouvé difficile d'être les enfants d'un homme public?*

Pendant la partie la plus active de ma carrière publique, nous essayions de ne pas trop parler de tout cela avec les enfants, qui étaient encore très jeunes. En 1970, ils avaient respectivement dix, neuf et six ans. Plusieurs années après mon passage en politique, ils nous ont confié qu'ils avaient vécu certaines difficultés à l'école, des petites méchancetés, des manifestations de jalousie. Mais dans l'ensemble, je crois qu'ils n'en ont pas trop souffert. Pendant toute la durée de mon engagement en politique, j'ai toujours pris un grand soin, avec mon épouse, de protéger notre vie privée. Quand, en 1974, j'ai quitté le gouvernement, je l'ai fait pour remettre l'accent sur notre vie familiale.

▒ *Claude Castonguay, qu'est-ce que l'amour pour vous?*

De quel type d'amour parlez-vous?

Parlons d'amour humain.

Lorsqu'on est jeune, on vit une certaine forme d'amour, qui est davantage faite d'attirance. C'est le moment où l'on «tombe en amour». C'est une forme d'amour.

Il y a une autre forme d'amour qui se développe avec le temps. Il s'agit davantage du respect de l'autre personne, d'un attachement à ce qu'elle représente, une certaine forme d'admiration. C'est un amour plus profond.

Cette forme d'amour plus profond est-elle essentielle au succès d'une vie de couple?

Je pense qu'il doit y avoir beaucoup de respect entre les deux personnes, une certaine admiration pour ce que l'autre fait. Même si les deux personnes ont des personnalités différentes, il doit exister entre elles une certaine affinité qui fait qu'elles peuvent se rencontrer et se sentir bien ensemble.

Affinité qui va plus loin que le coup de foudre?

Oui, cela va bien plus loin que le coup de foudre.

Et l'amitié? Monsieur Castonguay, qu'est-ce que l'amitié pour vous?

L'amitié prend un peu les mêmes formes, mais de façon un peu moins intense. Pour moi, un ami, c'est une personne en qui je peux avoir confiance, avec qui j'aime converser, avec qui je sens une certaine affinité. C'est quelqu'un avec qui je me sens bien, sans tension ni pression. C'est aussi une personne qui sait qu'elle peut compter sur moi en cas de besoin.

Avez-vous beaucoup d'amis?

J'en ai un certain nombre, mais je ne pense pas qu'on puisse avoir un grand nombre d'amitiés profondes. On peut avoir beaucoup de connaissances, on peut bien s'entendre avec bien des gens. Mais des liens plus profonds avec de vrais amis, je n'en ai pas beaucoup.

Souvent, les amitiés formées dans notre jeunesse sont les plus durables.

■ *Avez-vous gardé de ces amitiés de jeunesse?*

Oui.

■ *À l'occasion de telles rencontres avec mes invités, je leur demande de me suggérer trois livres. Vous m'avez proposé les livres de Robert Sabatier. J'ai lu* Les allumettes suédoises. *Vous m'avez également suggéré les romans de Graham Greene et aviez parlé de votre passion pour Napoléon. Les livres de Sabatier sont presque des contes pour enfants, des livres sur l'enfance. Pourquoi cet auteur? Qu'est-ce qui vous avait attiré chez lui?*

Sabatier écrit de façon merveilleuse. J'avais l'impression d'entrer dans la vie de ses personnages. J'aimais Olivier, le petit garçon dont il raconte les aventures. J'avais l'impression de le connaître, de connaître ses grands-parents. Il faut dire que j'ai lu ses livres alors que nos enfants étaient encore jeunes.

■ *Est-ce que cet auteur a pu vous influencer dans votre rôle de père?*

Oui, probablement. Je sentais l'isolement du petit bonhomme. Son père était absent, sa mère avait des problèmes... J'imagine que cela a pu m'influencer.

■ *Il se retrouve même orphelin dans* Les allumettes suédoises.

Oui, et le lien avec ses grands-parents est important. Je vois aujourd'hui mes deux petites-filles dont le père n'est plus présent. Il me semble que, comme grands-parents, nous pouvons jouer un rôle très important auprès d'elles. Elles vivent avec leur mère qui en prend bien soin. Mais elles ont besoin, à certains moments, d'un endroit où elles sentent une certaine stabilité, où elles sont comprises et un peu gâtées. Et nous pouvons jouer ce rôle. D'ailleurs, quand elles vivent des moments plus difficiles, elles nous appellent.

Aimez-vous ce rôle de l'homme qui peut gâter les siens, ses petits-enfants, par exemple?

Bien sûr!

Si je vous pose cette question, c'est qu'on a parfois l'impression qu'il y a, dans notre génération, une rupture entre les grands-parents et leurs petits-enfants. Les grands-parents sont parfois isolés d'un côté, et les enfants de l'autre. Ça ne semble pas être votre cas. De plus, certaines personnes plus âgées sont fatiguées par les enfants et n'aiment pas leur présence. Vous aimez donc ce rôle?

Oui. Et pour moi, c'est tout le contraire. J'aime la présence de mes petits-enfants. Ils me gardent jeune et nous procurent une grande satisfaction. Un jour, ils feront face à la vie et ses difficultés. Pendant qu'ils sont encore jeunes, et que je n'ai pas à leur inculquer la discipline et les contraintes des études, par exemple, j'ai le beau rôle. Mon épouse et moi, nous pouvons leur donner du bon temps, les gâter un peu. Profitons-en! Nous recevons régulièrement nos petits-enfants. Bien sûr, des fois, c'est fatigant, agaçant. Ils sont parfois bruyants ou agités. Mais ce n'est rien devant les grandes satisfactions qu'ils nous apportent.

Avec Graham Greene, on tombe dans un tout autre univers. Un monde assez noir, parfois même sordide. Qu'est-ce qui vous a attiré chez cet auteur?

Graham Greene, c'est le philosophe, le dilettante, l'homme qui s'interroge. Il a créé des personnages imparfaits, avec leurs faiblesses. Il n'y a jamais de grands héros, dans ses livres. Il s'interroge beaucoup sur l'univers, sur Dieu, sur le rôle de l'homme dans tout cela. Il a aussi ses doutes. C'est un homme très humain.

J'ai trouvé une certaine identité entre le cheminement et les pensées de cet auteur et les miens.

▒ *Vous aviez mentionné également de grands hommes de l'histoire, comme Napoléon. Je suis en train de lire les livres que Max Gallot vient de publier sur Napoléon. J'ai appris que Napoléon était un officier d'artillerie. Est-ce le mathématicien, l'actuaire, qui retrouve chez Napoléon la précision, la rigueur?*

Je dois dire que mes lectures sur Napoléon m'ont beaucoup influencé dans ma jeunesse. Aujourd'hui, ma perception de cet homme est bien différente, et je ne lis plus sur son histoire. Je lis beaucoup de biographies d'autres personnages et sur l'histoire. Depuis un certain temps, je lis sur une période très méconnue de l'histoire du monde, que je trouve extrêmement intéressante, le Moyen-Âge. Mais lorsque je vous parlais de Napoléon, c'était davantage de mes lectures de jeunesse.

▒ *Avez-vous rêvé un jour d'être un Napoléon?*

Non. Je trouvais que cet homme avait fait des choses absolument extraordinaires. Il est fascinant de penser à tout ce qu'il a réalisé. Mais j'ai aujourd'hui une image bien différente de cet homme qui a entraîné la France dans des guerres terribles, qui a littéralement saigné son pays. La France a mis un siècle à s'en remettre! Mon enthousiasme pour ce personnage est aujourd'hui beaucoup plus mitigé.

▒ *À travers tout ce que vous m'avez dit jusqu'à maintenant, nous connaissons déjà mieux vos valeurs, mais peut-être pourrions-nous approfondir encore davantage. Quelles sont les plus grandes valeurs qui ont motivé vos choix personnels ou professionnels? Quelle valeur fondamentale a orienté toute votre vie?*

Je vous ai parlé de la famille; c'est pour moi une valeur importante. C'est le cas aussi de ce que j'appellerais l'honnêteté intellectuelle, qui consiste à essayer d'être le plus honnête possible dans ma façon de penser et d'agir avec les gens. C'est une valeur à laquelle j'ai essayé d'adhérer le plus possible.

Il y a aussi autre chose, je ne sais pas si on peut appeler ça une valeur... Je considère avoir été choyé par la vie, j'ai beaucoup reçu. J'ai toujours eu le sentiment d'être un peu «en dette», dans un certain sens. Je me sens une certaine obligation à apporter ma contribution à la société. Par mon travail, par ce que j'ai réussi à créer, à développer, j'ai essayé de redonner de ce que j'avais reçu. Je continue d'ailleurs à le faire encore aujourd'hui. C'est pour moi une autre valeur.

J'éprouve également un très grand sentiment d'appartenance envers ma culture, ma langue. Comme Québécois francophone, j'ai toujours eu un désir d'améliorer notre situation comme groupe, comme communauté, comme société.

Comment vous sentez-vous rattaché à cette culture?

Je vais vous répondre par un exemple: je n'irai jamais vivre en permanence aux États-Unis, parce que je ne m'identifie absolument pas aux valeurs et à la culture américaines. J'aurais aussi beaucoup de difficulté à vivre en permanence dans un milieu anglophone. Je n'ai rien contre les anglophones, je n'éprouve aucune antipathie à leur endroit, mais je suis francophone, pas anglophone. Je pense comme un francophone. Nous partageons une certaine façon de penser, de s'exprimer, nous ressentons certains sentiments que les anglophones ne ressentent pas. J'écoute la chanson québécoise d'une façon bien différente de la chanson américaine. Aucune chanson du Canada anglais n'a réussi à m'émouvoir.

Je suis fier de ce que nous faisons comme Canadiens, mais quand je vois un Québécois ou une Québécoise réussir, j'éprouve une fierté particulière. Je me sens avant tout comme une personne de culture et d'appartenance québécoises. C'est ici qu'est ma communauté, ma vie.

Quelle chanson ou quel chanteur vous fait vibrer?

J'ai bien aimé tout ce qui s'est fait à l'époque par les Gilles Vigneault, Pauline Julien, George Dor. Aujourd'hui, on dirait qu'ils sont moins nombreux dans ce courant. On voit plutôt apparaître des Céline Dion...

▒ *... qui est au sommet de la gloire.*

Oui, et c'est extraordinaire. Mais ce n'est plus la même chose. Céline Dion chante pour le monde entier, alors que les Vigneault, Julien, Félix Leclerc et les autres chantaient pour les Québécois francophones.

L'HOMME

▒ *Claude Castonguay, votre image publique, votre image de politicien, d'homme d'affaires, est celle d'un homme qui est toujours en contrôle de la situation. Vous arrive-t-il de ne pas tout contrôler?*

Je ne vois pas ce que vous voulez dire par «contrôler».

▒ *Je vais vous poser la question de façon différente. Vous arrive-t-il parfois d'avoir le sentiment de perdre pied face à certaines situations? Que ressentez-vous lorsque vous vous retrouvez dans des situations ou devant des êtres qui ne réagissent pas nécessairement comme vous le souhaiteriez, que vous avez le sentiment de ne plus pouvoir agir ou intervenir?*

Je vais vous donner deux exemples. Vous vous rappelez peut-être que j'avais créé un regroupement de gens d'affaires dans le but de sauver l'Accord du lac Meech. Nous avions l'adhésion d'à peu près tous les gens d'affaires du Québec. J'avais investi beaucoup de mon temps et de mon énergie dans cette opération. Évidemment, lorsque j'ai senti que les choses dérapaient et que l'accord serait rejeté, j'ai ressenti une grande déception. Je n'étais pas le seul acteur, il y en avait plusieurs autres, mais je m'étais beaucoup impliqué, et les choses ne se déroulaient pas comme je l'aurais souhaité. Au lendemain du rejet de Meech, j'étais profondément déçu.

J'ai accepté d'aller au Sénat dans le but de tenter de «réparer» Meech. Comme président du comité conjoint, je n'ai pas été en mesure de contrôler la situation, les interventions des trois partis politiques au sein du comité faisant en sorte que, malgré tous mes efforts, nous n'allions nulle part. Lorsque j'ai dû me retirer de la présidence de ce comité, que j'ai vu l'orientation qui serait prise, ce vers quoi nous nous dirigions, j'ai vécu une autre déception.

Lorsque vous vivez de telles déceptions, votre réaction peut-elle aller jusqu'à la colère? Une colère que d'autres exprimeraient de façon très vive, publiquement, mais que vous n'exprimez pas.

J'ai eu une certaine réaction «publique» lorsque j'ai quitté le comité conjoint de la Chambre et du Sénat. J'avais invité quelques journalistes et je m'étais vidé le cœur. Mais c'était beaucoup plus de la déception ou de la peine que de la colère. Je ne me souviens pas d'avoir réagi avec colère dans de telles situations.

Vous parlez de peine, une émotion qui peut être très profonde. Mon expérience de vie me dit que, parfois, les êtres qui offrent une image de très grande force, de très grande sécurité, cachent parfois une très grande vulnérabilité. Vous sentez-vous parfois vulnérable?

Évidemment! Les apparences ne sont que des apparences, rien de plus! Il est clair qu'il m'arrive de m'interroger, de me demander si je suis dans la bonne voie, si ce que je fais est bien, si ça va réussir, ce qui arrivera en cas d'échec...

Ainsi, Claude Castonguay, l'homme au masque de fer, l'homme des décisions... peut aussi être un homme de doutes?

Mais oui! Évidemment!

Vous êtes-vous déjà retrouvé dans une situation où vous deviez prendre une certaine décision tout en vivant, dans votre for intérieur, un doute profond sur ce que vous vous apprêtiez à faire?

Cela s'est produit pendant ma carrière politique. Il m'est arrivé de devoir prendre des décisions rapides, avec les données dont je disposais à ce moment-là, qui souvent étaient incomplètes. J'ai vécu de grands doutes dans de telles situations. Mais dans ma vie quotidienne, cela ne s'est pas produit souvent. J'ai eu des doutes, bien sûr. Mais de grands doutes, pas tellement.

Je l'ai mentionné tout à l'heure, vous êtes un homme de la perfection. Cela peut être, dans certains cas, une qualité, mais parfois aussi un défaut. Reconnaissez-vous ce besoin de perfection en vous?

Oui, j'aime bien faire les choses, et les faire le mieux possible. C'est pour moi une nécessité: si je fais quelque chose, je veux le faire le mieux possible, avec les moyens dont je dispose. Faire les choses à moitié ne me satisfait pas du tout.

Comment réagissez-vous lorsque des gens font les choses à moitié?

Je n'aime pas ça! Lorsque je suis retourné à La Laurentienne — j'y avais travaillé dans les années cinquante —, des gens me remettaient un petit document en me disant: «Je t'ai jeté ça sur papier. Regarde-le et tu me diras ce que tu en penses.» Je leur répondais: «Non! Ce n'est pas ce que je vous ai demandé! Je vous demandais ce que vous en pensez, votre analyse de la situation... pas de me "jeter ça sur papier", à la course!» Les gens n'avaient pas l'habitude de cette rigueur. Je transformais les façons de fonctionner. Avant, tout le monde y allait souvent «à la bonne franquette». Ils disaient travailler en famille, sur la base de l'amitié. D'après mon raisonnement, nous n'étions pas en famille, mais en affaires, avec des concurrents, et nous avions l'obligation de bien faire les choses.

Dans votre famille, ce souci de perfection a-t-il provoqué des contestations, des réactions autour de vous?

Non, je ne pense pas. J'étais bien conscient de me retrouver devant des enfants en formation, qui ont leurs goûts, leurs faiblesses, leurs limites. Sur le plan scolaire, mon épouse et moi ne les avons jamais poussés; nous n'avons jamais voulu en faire des premiers de classe. Nous les avons laissé faire leurs choix, leur cheminement. Nous n'avions pas l'habitude de les réprimander si leurs notes étaient moins bonnes. Nous cherchions plutôt à les aider, à voir comment nous pourrions les appuyer dans leurs efforts.

Ma recherche de perfection, je l'ai vécue dans les affaires, dans ma vie personnelle, mais pas dans mes relations avec mes enfants.

SON JARDIN SECRET

Vous avez un jour choisi les mathématiques. Vous nous avez aussi confié que vous auriez pu vous laisser tenter par l'architecture. Pourquoi avez-vous plutôt opté pour les mathématiques?

À l'époque, il n'y avait pas de faculté d'architecture à Québec. De plus, et c'était peut-être une erreur de ma part, je voyais peu de débouchés dans ce domaine. Alors que du côté des mathématiques, et surtout de l'actuariat, je voyais la possibilité d'acquérir une profession intéressante, avec des débouchés beaucoup plus rapides et prometteurs. C'est peut-être ce qui m'a fait pencher pour les mathématiques.

Il y a, dans l'architecture, une dimension plus artistique que dans les mathématiques. Avez-vous eu peur de cette dimension?

Non. Pas vraiment. À ce moment-là, je ne voyais pas de cheminement possible qui me permettrait de faire des études d'architecture. Mes parents n'étaient pas en mesure de me supporter pendant de longues années d'étude à Montréal, où j'aurais pu suivre un tel programme. C'était donc hors de question.

Y a-t-il en vous un rêve que vous n'avez jamais réalisé? Vous dites-vous parfois: «J'aurais tant aimé faire...»?

Il y a une chose: j'aurais aimé, dans ma jeunesse, apprendre le piano. J'aimerais être capable de jouer du piano, non pas pour devenir un grand pianiste, mais simplement pour le côté agréable du piano. J'aimerais pouvoir me détendre en jouant du piano, en faisant de la belle musique.

Auriez-vous été tenté par le rêve de devenir musicien?

Non. J'aime beaucoup la musique, j'en ai entendu énormément à la maison, dans ma jeunesse. Aujourd'hui encore, j'écoute beaucoup de musique, nous allons au concert. Mais je n'ai jamais pensé devenir musicien... sauf que j'aurais bien aimé apprendre à jouer du piano.

La musique, c'est un côté hérité de votre père qui vous y a initié?

Oui, probablement.

Que vous apporte la musique?

Il y eut une époque où j'écoutais beaucoup plus de musique qu'aujourd'hui. Avec le temps, on dirait que je trouve de moins en moins le temps de faire les choses que j'aime! Ceci dit, j'éprouve beaucoup de plaisir à écouter de la musique. C'est pour moi un moment de calme, de beauté.

Avez-vous un compositeur préféré?

J'aime beaucoup Beethoven, Mozart, Rachmaninov, Tchaïkovski, Chopin... tous ces compositeurs classiques.

Lequel serait votre préféré?

Si j'avais à choisir, ce serait probablement Beethoven, pour la force de sa neuvième symphonie, ses concertos, ses sonates. Il me semble que, de tous les compositeurs, il est le plus équilibré, le plus complet.

Ce qui vous plaît en lui, c'est cet équilibre?

Oui, ainsi que la beauté de son œuvre. La neuvième symphonie, la sixième, la pastorale, ses sonates, certains de ses concertos... ce sont là des œuvres remarquables. Que ce soit Wagner, Tchaïkovski ou d'autres, il me semble qu'il y a chez les autres compositeurs un accent qui les situe dans certaines catégories; leur œuvre m'apparaît moins complète. L'œuvre de Beethoven me semble plus équilibrée. C'est le meilleur qualificatif que j'aie trouvé.

▒ *Aimez-vous encore l'opéra?*

Oui. En fait, j'aime beaucoup la musique classique. J'aime aussi la musique plus moderne, je ne suis pas resté bloqué dans le temps. Mais ma préférence avant tout va toujours à la musique classique.

▒ *Depuis tout à l'heure nous parlons de vous de façon plus intime. Je sens que lorsque je vous questionne sur les grands dossiers que vous avez réalisés en politique, sur le monde des assurances ou des affaires, vous pouvez parler abondamment. Lorsque nous entrons dans un autre univers, celui de votre sensibilité, est-ce plus difficile de vous confier?*

C'est plus difficile pour moi. Certaines personnes semblent avoir une facilité à se livrer. On le voit à la télévision américaine; j'ai participé quelques fois à certaines activités — les Déjeuners de la prière, par exemple — où les gens viennent se «confesser» publiquement. Certains sont capables de livrer un torrent de paroles et de confidences... J'ai toujours eu beaucoup plus de réserve sur ce plan.

▒ *Est-ce là le signe d'une certaine pudeur?*

Je ne pense pas. Je n'ai rien à cacher.

▒ *Qu'est-ce qui vous avait attiré à ces Déjeuners de la prière?*

On m'y avait invité, du temps où j'étais dans le monde des affaires. J'y suis allé par solidarité avec les gens d'affaires que je connaissais. Je me disais également qu'il est bon, dans l'activité intense des affaires, de prendre le temps de s'arrêter et de réfléchir avec d'autres, d'écouter des témoignages.

Dans votre vie, tout s'est réalisé dans l'action. Il y a en vous un univers beaucoup plus intime: celui de la peinture. Dans la peinture, vous avez accepté de réaliser quelque chose de vous, quelque chose de plus sensible. Pourquoi la peinture?

C'est d'abord une question de goût, et peut-être un peu d'habileté. Pendant toutes mes études primaires et secondaires, lorsqu'on me donnait le choix, j'allais toujours vers le dessin, la peinture. Après mes études à l'université, quand j'ai commencé à travailler, j'ai pris des cours de peinture. J'avais dix-huit ou vingt ans, et les employés d'entreprises d'assurances, comme moi, étaient peu nombreux à s'orienter vers la peinture! Mais quelque chose m'attirait. J'ai toujours eu en moi ce goût pour la peinture, et je l'ai toujours entretenu, selon les disponibilités que me laissaient mes engagements professionnels.

Lorsque j'ai laissé la politique, je me suis dit: «Ça n'a pas de bon sens de mener une vie où toutes mes énergies sont consacrées à mes engagements professionnels. Il est mauvais de tout investir de ce côté-là. Pour équilibrer le tout, je dois trouver une activité valorisante, pour laquelle j'ai un intérêt.» J'ai repensé tout naturellement à la peinture. J'ai repris des cours. J'ai établi des contacts avec des peintres de Québec. Pendant des années, je suis allé peindre avec eux des paysages, au nord de la ville de Québec, à l'Île-d'Orléans, dans Charlevoix. Je n'ai jamais cessé de peindre.

Aviez-vous peur du verdict des peintres professionnels devant votre propre peinture?

Je ne suis jamais entré en concurrence avec eux. Jamais ils ne m'ont vu comme une menace ou un concurrent. J'ai entretenu de très bons rapports avec bon nombre de peintres, ici à Montréal, à Québec et dans Charlevoix.

Que vous procure la peinture?

L'aspect de création est très important. J'ai choisi une activité qui n'est pas purement récréative. J'aime l'idée de créer quelque chose, de tenter de faire quelque chose de beau: c'est mon objectif lorsque je peins. Il ne s'agit pas pour moi de faire quelque chose d'original, une œuvre qui choque, mais quelque chose de beau. J'y trouve une grande satisfaction.

Mais la peinture est un art très exigeant, difficile. Je ne suis jamais totalement satisfait de ce que je peins. Lorsque je commence un tableau, j'ai toujours l'impression qu'il sera beaucoup plus réussi que le résultat final. Je me retrouve toujours devant un défi constant. Mes tableaux ne sont jamais vraiment terminés. On dit d'ailleurs que bien des grands peintres auraient aimé vivre quelques années de plus, histoire d'aller un peu plus loin dans leur peinture. Certains se sont même rendus au Louvre pour retoucher leurs tableaux!

Le faites-vous avec vos peintures?

Parfois. Il m'arrive de revenir à un tableau et de me dire: «Ça n'a pas de bon sens! Il faut que je change ça!»

Décrivez-moi ce que vous peignez.

Je peins beaucoup de paysages et de natures mortes. Mon objectif étant de faire quelque chose de beau, je peins des scènes que j'aime. J'essaie de trouver, dans la nature, de beaux endroits, où les fleurs sont belles, où il règne un bel équilibre dans la composition. C'est la même préoccupation qui me guide quand je peins des natures mortes. Elles sont généralement très gaies, avec beaucoup de couleurs, des fleurs, des fruits.

Je reviens ici à l'image que vous projetez, celle d'un homme sévère, au sourire difficile. Or, vous affirmez: «Quand je vais à l'intérieur de moi, je peins la gaieté.»

Eh oui! Devant aucun de mes tableaux vous pourriez dire: «Comme c'est triste!» Aucune de mes peintures ne vous inspirerait ce type de réaction. Au contraire. J'aime les choses belles, gaies, claires…

Diriez-vous que, intérieurement, vous êtes un homme gai?

J'ai toujours été un optimiste. J'essaie toujours de voir le bon côté des choses. Je fais confiance aux gens a priori. J'essaie de voir le beau côté de la vie.

Dans quel type d'atmosphère peignez-vous? Avez-vous besoin de silence, de musique…

Bien sûr, quand je peins, j'ai besoin de me concentrer. Dans une certaine mesure, il est agréable d'écouter de la belle musique, mais en même temps j'ai besoin d'un certain calme. Je ne peux peindre et être distrait par différentes choses, discuter avec quelqu'un. J'aime peindre dans un endroit qui se prête bien à cette activité. Je peins habituellement dans un atelier, ici, à Montréal; parfois aussi à la campagne, dans un lieu agréable. Souvent, je fais des sketches à l'extérieur que j'utilise pour ensuite peindre en atelier.

▒ *Vous n'êtes pas le seul peintre de la famille.*

Non. Ma grand-mère paternelle peignait, ce qui était assez rare, à l'époque. Mon père lui aussi a peint. J'ai d'ailleurs conservé quelques-unes de ses peintures. Un de mes frères peint beaucoup, lui aussi. D'autre part, le grand-père de mon épouse était peintre professionnel. Ma femme peint, ainsi qu'une de mes filles. Je vis donc dans un milieu où la peinture occupe une certaine place.

▒ *Y a-t-il des conflits de peintres entre votre fille, votre femme et vous?*

Non. Nous faisons des choses très différentes. Mimi peint du non-figuratif. Il n'y a entre nous aucun conflit, aucune compétition. Au contraire. La peinture est une activité que nous pouvons partager.

▒ *Parmi vos tableaux, avez-vous un préféré? Lequel?*

À une époque donnée, à un certain stade de mon évolution, je peux dire d'un tableau: «De tous mes tableaux, jusqu'à maintenant, voilà celui que je préfère.» Mais deux ou trois ans plus tard, je vois les choses un peu différemment, j'ai évolué... et d'autres tableaux correspondent mieux à ma façon de voir. Ces choses-là sont difficiles à définir.

▒ *Y a-t-il un tableau dont vous ne pourriez vous défaire?*

Il y en a effectivement dont ce serait plus difficile de me défaire. J'ai peint, il y a deux ou trois semaines, un de mes tableaux préférés; il correspond vraiment à ce que j'essayais de peindre.

Que représente-t-il?

Une petite scène à la campagne, une vue de la maison que nous louons près d'un lac. J'aime beaucoup le résultat. Dans quelque temps, j'en préférerai un autre... Cela fait partie de la nature de la peinture!

Quelles sont vos couleurs préférées?

Cela aussi évolue beaucoup. À une certaine époque, j'aimais beaucoup les bleus, les verts. Aujourd'hui, je peins davantage avec des rouges, des orange, des jaunes.

Faites-vous de la peinture comme vous faisiez de la politique ou des affaires?

Que voulez-vous dire?

Claude Castonguay, l'homme politique, l'homme d'affaires, nous l'avons vu, est très cartésien. En peinture, vous donnez-vous un cadre? Êtes-vous un «peintre cartésien»?

Non. En peinture, justement, j'aime bien sortir de tout cet encadrement et me permettre un peu de fantaisie, laisser aller mon imagination.

Allez-vous toujours peindre?

Oui. Définitivement. C'est d'ailleurs ce qui fait la beauté de la peinture! Il n'y a aucune limite d'âge. On n'atteint jamais un niveau satisfaisant, il est toujours possible d'aller plus loin, d'essayer de faire mieux. Ça ne cesse jamais.

Votre père a écrit. Seriez-vous tenté par l'écriture?

J'écris un peu.

▒ *Et vous écrivez bien, soit dit en passant.*

Depuis que j'ai un peu plus de temps libre, j'écris sur divers sujets en lien avec mes engagements: la santé, la question des relations entre le Québec et le Canada. Est-ce que j'écrirai autre chose? C'est possible. Pour l'instant, je n'ai pas beaucoup de temps à ma disposition. Mais je vais me libérer progressivement, et il est possible que je me mette à écrire davantage.

▒ *De la poésie? des romans? Claude Castonguay pourrait-il se laisser aller à écrire un roman?*

Je crois que je l'aurais fait, avec une certaine facilité, à l'âge de vingt ou trente ans. Mais tout au long de ma carrière, j'ai écrit tant de rapports et de textes exigeant une certaine rigueur qu'aujourd'hui j'ai beaucoup de difficulté à me laisser aller dans l'écriture. On dirait que, fatalement, mes textes doivent être structurés, logiques. J'ai beaucoup de mal à me détacher de ces contraintes.

▒ *Vous dites que vous auriez pu écrire un roman lorsque vous aviez vingt ou trente ans... Y aviez-vous pensé à cette époque?*

Pendant mon cours secondaire, j'aimais beaucoup écrire des dissertations à l'école. J'écrivais parfois des lettres. Je me sentais capable de me laisser aller.

▒ *Des lettres d'amour?*

Non. L'occasion ne s'est pas présentée. J'écrivais à mes parents ou parfois à mes amis, des personnes avec qui j'avais étudié à Winnipeg. Je me sentais capable d'y aller assez librement. Aujourd'hui, j'ai l'impression de subir une sorte de déformation professionnelle. Je retombe toujours dans le même besoin de logique et de structure.

▒ *Le temps a tué votre inspiration littéraire?*

On le constate aujourd'hui dans les entreprises: de façon générale, plus les gens sont créateurs, moins ils sont administrateurs, moins ils sont organisés. Plus ils sont organisés, moins ils ont d'imagination. Avec toutes ces années passées à essayer d'être organisé et à fonctionner de façon logique et rationnelle, je crois que la partie créative en moi en a pris un coup.

Le regrettez-vous?

D'une certaine façon, oui. J'aimerais bien pouvoir écrire beaucoup plus librement, plus facilement. D'autant plus que j'ai aujourd'hui plus de temps pour réfléchir, pour m'intéresser à toutes sortes de choses. Oui, j'aimerais ça, évidemment!

Avez-vous pensé un jour écrire votre histoire? Nous l'avons vu, elle est fertile en action, en rebondissements, en analyse de la société.

J'y ai pensé, mais je ne suis pas rendu là. Je suis encore trop pris par la vie présente, orienté vers l'avenir, pour consacrer beaucoup de temps à réfléchir sur le passé. Ce que nous faisons présentement me convient davantage pour le moment. Je crois qu'en écrivant moi-même sur ma vie j'aurais beaucoup de difficulté à me livrer vraiment, à aller au-delà d'une simple description des événements.

L'HOMME DEVANT L'INFINI

Nous voici arrivés à la dernière section, assez importante, de cette entrevue. Vous avez des petits-enfants. Comment entrevoyez-vous leur avenir?

Ma grand-mère maternelle est décédée en 1952, à l'âge de 98 ans. Elle était née en 1854. Pendant son existence, elle a été témoin de changements profonds. Dans sa jeunesse, il n'y avait ni électricité, ni automobiles, etc. À la fin de sa vie, elle avait vu l'apparition de tout cela, y compris les avions, les fusées pendant la guerre, la bombe atomique, la télévision: des changements d'une profondeur extraordinaire! Elle avait vu la guerre de 1870 et les deux grandes guerres mondiales. Vers la fin de sa vie, elle nous disait: «Pauvres enfants! Je n'aimerais pas vivre dans le monde dans lequel vous vous retrouvez!»

Mais les années qui ont suivi sa mort, depuis la guerre jusqu'à aujourd'hui, ont été des années de grande prospérité, de développements extrêmement intéressants, des années de plus grande liberté. Je crois que, malgré les problèmes qui existent — et continueront d'exister — nous avons vécu une période très intéressante et stimulante, comme il y en a eu peu dans l'histoire. Avec les progrès de la médecine, et une plus grande espérance de vie, la majeure partie de la population vit d'une façon raisonnablement confortable. Et c'est nouveau. Malgré ce que ma grand-mère entrevoyait comme un avenir difficile, j'ai vécu une existence très agréable, si je compare au passé.

Je pourrais imaginer toutes sortes de catastrophes pour l'avenir, m'inquiéter pour l'avenir de mes enfants. Mais nous venons au monde sans connaître tout ce que je viens de vous décrire; nous pensons alors que la vie nous est ouverte et que tout est possible. J'imagine que mes petits-enfants feront comme nous: ils vont s'engager dans la vie; ils rencontreront des coups durs, mais ils trouveront aussi beaucoup de satisfaction.

Sur un plan plus général, il me semble que nous progressons, même si c'est lentement et de façon inégale. Nous avons évité d'autres grandes guerres. Certaines choses sont de plus en plus acquises: nous devons nous intéresser davantage à la protection de l'environnement; les libertés individuelles sont de plus en plus importantes; les régimes démocratiques gagnent de plus en plus de terrain; nous reconnaissons que la prospérité demeure la meilleure façon d'éviter les guerres — les pays prospères se battent rarement entre eux. Aujourd'hui, la prospérité se répand de plus en plus à travers le monde, en des endroits qui, il n'y a pas si longtemps, semblaient condamnés à tout jamais.

Il me semble que j'ai bien des raisons d'être confiant, malgré tout ce que je pourrais imaginer comme difficultés pour l'avenir. Les êtres humains possèdent une capacité de réagir assez surprenante, qu'on sous-estime souvent lorsque nous portons notre regard vers l'avenir.

Vous êtes donc optimiste.

Oui.

Vous venez de nous parler de votre grand-mère, décédée à l'âge de 98 ans. Comment voyez-vous le vieillissement?

D'abord, je dois vous dire que lorsqu'on parle d'âge d'or, je cherche encore ce qu'il y a de si doré dans le fait de vieillir!

Bien sûr, c'est une époque de la vie qui apporte des satisfactions. Je n'ai plus les pressions que je rencontrais, plus jeune, alors que j'étais aux études, que je commençais sur le marché du travail et devais gagner ma vie, élever mes enfants, entreprendre une carrière, avec les contraintes et les défis que cela comporte. Libre de ces pressions, je peux faire autre chose et penser à autre chose. J'ai acquis une certaine sagesse. Je vois les événements et les êtres d'une façon un peu plus détachée. J'apprécie bien davantage toutes les petites choses de la vie qui autrefois passaient inaperçues. J'éprouve aussi plus de satisfaction.

Mais je sens également que je dois céder ma place aux plus jeunes, me désengager peu à peu. Parfois, j'aimerais intervenir dans un certain débat ou dans une action, mais je sais que ce n'est plus à moi de le faire. Je vis une certaine nostalgie face à tout cela. Je sais que le temps devant moi est de plus en plus limité. J'essaie donc de bien utiliser mon temps, d'en profiter au maximum. Je vis un certain sentiment d'urgence, en constatant qu'il y a tant de choses que je devrais faire, que je voudrais faire, et que le temps pour les réaliser ne cesse de diminuer.

▒ *À près de 70 ans, vous dites: «Il m'est difficile de me désengager...» Que pensez-vous de tous ces gens qu'on met à la retraite à 50 ou 55 ans?*

Si ces gens se disent: «C'est fini. Je m'en vais chez moi et je ne fais plus rien», c'est terrible! Mais nous vivons aujourd'hui dans un monde rempli d'opportunités. Ces gens peuvent aussi se dire qu'une phase de leur vie vient de se terminer, et qu'ils s'engagent dans une autre. Ils peuvent entreprendre un autre métier, retourner aux études, s'engager dans de nouvelles activités, faire des choses qu'ils n'ont pas encore pu réaliser... Tout cela peut offrir des possibilités extraordinaires.

▒ *Quel âge aviez-vous lorsque vous êtes devenu le grand patron du Groupe La Laurentienne?*

En 1980, j'avais près de 51 ans.

▒ *Si on vous avait mis «en quarantaine» à 50 ans, vous n'auriez pas pu réaliser tout ce que vous avez accompli à la tête de ce groupe.*

Non.

▒ *Une personne de 50 ans a donc encore beaucoup de possibilités!*

Bien sûr! D'autant plus qu'aujourd'hui, une personne de 50 ans n'est pas aussi «usée» que les gens du même âge il y a cent ou deux cents ans. Il y a deux ou trois siècles, l'espérance de vie était d'une quarantaine d'années; les gens qui vivaient au-delà étaient peu nombreux. Aujourd'hui, nous atteignons la cinquantaine ou la soixantaine en bien meilleur état que nos parents! Une personne de 60 ans aujourd'hui est encore en mesure de travailler. À 70 ans aussi!

Vous qui avez fait beaucoup pour calmer nos angoisses face à la maladie, avez-vous peur de la maladie?

Je ne peux pas dire que cela m'angoisse et me fait peur. Évidemment, je n'aimerais pas être malade, mais ce n'est pas une préoccupation qui monopolise beaucoup de mon temps. Je bénéficie d'une bonne santé.

Mais craignez-vous parfois de vous sentir inutile, improductif?

Oui, c'est un sentiment que je peux ressentir. Il m'a été difficile de laisser la direction d'une entreprise, de me dire que c'était maintenant terminé, que je devais me détacher de l'entreprise et mener une vie plus individuelle. Oui, je vis une certaine crainte de me retrouver isolé.

Nous ne sommes pas immortels, vous l'avez évoqué tout à l'heure. La prise de conscience de votre finalité est-elle une idée qui vous traverse l'esprit parfois?

Je sais fort bien que la mort est là, et que c'est là que nous nous dirigeons tous à plus ou moins brève échéance. La mort est inéluctable. Mais qu'y a-t-il après la mort? Cette question est bien plus intéressante.

Vous avez été élevé, comme moi, dans un univers qui présentait un encadrement religieux très important. Vous avez reçu une éducation religieuse. Qu'en reste-t-il?

Je crois vous avoir entendu dire que la religion de cette époque était imposée; les gens la pratiquaient sans nécessairement y adhérer. D'ailleurs, ils n'avaient jamais eu d'autre choix. De ce point de vue-là, je n'ai pas fait exception.

Avec le passage du temps, j'ai commencé à m'interroger. J'ai réalisé qu'il y a encore bien des dimensions de notre existence qui nous dépassent. C'est peut-être de plus en plus évident aujourd'hui, alors que nous réalisons que l'univers est en pleine expansion, ce que nous ignorions encore il y a peu de temps. Nous prenons conscience de l'âge et des dimensions insoupçonnées de notre univers. Même les théories de Darwin, je crois, sont remises en cause d'une certaine façon. L'origine du monde, sa création, son évolution, son fonctionnement, sa destinée... tout cela nous dépasse. Bien des choses nous échappent.

Ce que j'en retiens — et c'est une des choses qui remontent à ma jeunesse, à ma formation —, c'est qu'il doit y avoir un être supérieur. L'existence de notre monde ne peut être uniquement le fruit d'accidents. Je crois en l'existence d'un être supérieur.

Cet être suprême, je le vois cependant beaucoup plus distant que bien des gens. J'envie un peu les personnes qui disent pouvoir communiquer avec Dieu et l'entendre. Moi, je ne l'entends malheureusement pas, et je ne peux pas communiquer avec lui. D'autant plus que, comme je ne comprends pas toutes ces choses, il m'est difficile de les concevoir. J'accepte cependant que Dieu existe. La logique veut qu'il existe.

Bien des gens affirment le contraire. Mais par la logique vous justifiez l'existence de Dieu.

L'existence d'un être suprême. Le monde est tellement extraordinaire et complexe! Nous ne saisissons encore qu'une partie de ses nombreuses dimensions. Je ne peux pas croire qu'il soit le fruit du hasard ou d'une simple évolution... Il est trop profond, trop complexe, trop extraordinaire.

Vous enviez les gens qui disent pouvoir communiquer avec Dieu. Si vous ne l'avez jamais rencontré, est-ce parce que vous le regardez avec les yeux de la logique?

Non. C'est que je n'ai jamais reçu de message de la part de Dieu. Si j'avais eu des communications, je n'aurais pas refusé d'écouter, au contraire. L'an dernier, Karla Faye Tucker, la jeune femme qui a été exécutée au Texas, affirmait qu'elle se voyait, le lendemain de sa mort, aux côtés du Christ. Je n'ai jamais eu ce type de communication. Au contraire, je trouve que le Dieu qui existe, selon moi, ne communique pas avec nous, ne se manifeste pas.

De plus, j'ai beaucoup de difficulté à accepter les concepts de Dieu qui sont véhiculés: un Dieu infiniment bon, qui s'occupe de chacun… Quand je vois toute la misère qui sévit dans le monde, j'ai du mal à concilier cette réalité avec le concept d'un Dieu présent. Voyez la misère des enfants en Afrique. Ils viennent de naître et meurent de faim. Pourquoi? Et les populations qui s'entretuent, la famine, les fléaux, les maladies qui ont fait des ravages terribles au cours des siècles… Je ne peux relier tout cela à un Dieu infiniment bon. Et toutes les thèses du péché originel et de la Rédemption… je ne peux y croire. Je ne peux croire que l'on aurait créé deux êtres puis qu'on leur aurait fait subir une épreuve pratiquement contre nature, et que tous leurs descendants en auraient subi les conséquences! Cela m'apparaît tellement tiré par les cheveux! Jamais je ne pourrai y croire.

Quant à la religion et à l'Église, mes réflexions m'ont amené à conclure que ce sont des créations humaines. En effet, la religion s'est tellement transformée au cours des siècles, d'époque en époque, qu'aujourd'hui elle n'a que très peu de ressemblance avec ce qu'elle était il y a deux mille ans. La religion a imposé quantité de choses qui, aujourd'hui, apparaissent dépassées. Elle a cru bon d'obliger ses fidèles à croire que la terre était plate, par exemple, que la terre était le centre du monde. Ceux qui n'y croyaient pas étaient considérés comme hérétiques... et on les faisait même brûler! Au sortir du Moyen-Âge, avec la Renaissance, des guerres de religions ont éclaté. Devant la déchéance au sein de la hiérarchie de l'Église catholique, sont nés les mouvements protestants avec, de part et d'autre, une intransigeance épouvantable. Certaines guerres de religions se poursuivent encore aujourd'hui, après des siècles; ce qui se passe actuellement en Irlande en est un exemple. Les Croisades, les attitudes envers les Juifs sont des exemples d'intolérance religieuse.

Je sais que la religion est nécessaire pour bien des gens: elle leur apporte réconfort, sécurité. Elle donne à certains la foi. Je les envie. Mais je trouve de moins en moins dans la religion les réponses à mes questions. Je ne suis pas antireligieux, au contraire. Je crois même à l'importance de manifester un sentiment religieux à l'occasion. Je n'ai pas totalement abandonné la pratique religieuse, mais je n'y retrouve pas le réconfort que je pourrais espérer.

Fernand Dumont, qui était un grand penseur, est demeuré, à travers toutes ses réflexions, fidèle à la foi dont il avait hérité. Ce que je retiens de votre propos, c'est que vous êtes tout de même un homme de foi. Gardez-vous un lien avec la foi de votre enfance, la foi reçue de votre éducation?

Non. Ma foi a pris une forme très différente.

Une forme plus personnelle?

Oui. J'ai déjà lu quelque part cette réflexion: «Plus j'ai essayé de me rapprocher de Dieu, plus je me suis éloigné de la religion.» Dans le fond, c'est un peu la dynamique que j'ai vécue. Plus j'ai essayé de comprendre, de penser à l'au-delà, au monde, à sa création, à son évolution, à ce qui l'ordonne, moins je suis capable de relier tout cela à la religion telle qu'on me l'a enseignée... et telle qu'elle est vécue encore aujourd'hui. Je trouve cela malheureux. Toutefois, je ne suis pas en réaction contre la religion; j'ai beaucoup de respect et d'admiration pour des personnes comme les bénédictins de Saint-Benoît-du-Lac qui consacrent leur vie à la prière, à l'adoration. J'y vais quelquefois; j'assiste à leurs offices que je trouve impressionnants. J'y retrouve quelque chose d'essentiel. Mais ma foi est devenue de plus en plus personnelle et intérieure, non pas extérieure.

Nous avons cru que la terre était le centre du monde. Aujourd'hui, je pense que nous devons conclure que non seulement la terre n'est pas le centre du monde, mais qu'il y a de la vie ailleurs dans l'univers. Le ciel, l'enfer, le purgatoire, les limbes (cet endroit où se retrouvaient les personnes mortes avant d'avoir été baptisées, en particulier les petits enfants), tout cela est aujourd'hui remis en question.

Je crois en la possibilité d'une vie après la mort. Mais je ne crois pas que nous nous retrouverons uniquement entre êtres humains. L'immensité de l'univers est telle que je ne peux concevoir qu'il n'y ait de la vie que sur la terre. Il y a de la vie ailleurs, et si un jour nous allons au «ciel», nous y rencontrerons d'autres êtres que des humains.

Toutes ces choses, la religion ne les a jamais abordées.

Pour partir à la rencontre de ces autres êtres vivants, auriez-vous aimé être astronaute?

Non, pas nécessairement.

Claude Castonguay, aimeriez-vous que l'on dise de vous: «Voilà un homme qui a réussi sa vie»? Et aurions-nous raison de l'affirmer?

Je ne peux pas affirmer de telles choses, parce que je ne pense pas de cette façon-là. Si quelqu'un porte ce jugement sur moi, tant mieux. Mais il me semble que ce n'est pas à moi à faire ces affirmations.

Quel jugement portez-vous sur votre vie?

Eh bien! Je peux dire que j'ai tenté, tout au long de ma vie, de faire de mon mieux tout ce que j'entreprenais. Je dois avouer que j'éprouve une certaine satisfaction à voir ce que j'ai accompli et ce que je peux laisser. Mais ce n'est pas à moi à poser un jugement, à affirmer si oui ou non j'ai réussi ma vie.

Monsieur Castonguay, merci beaucoup pour cet entretien.

«Il a choisi
d'être maître
de ses choix,
de sa vie.»

(P. Maisonneuve)

Épilogue

«J'ai tenté, tout au long de ma vie, de faire de mon mieux tout ce que j'entreprenais», nous dit Claude Castonguay en guise de conclusion.

Cette courte phrase explique tout: son engagement envers lui-même, sa famille, ses collaborateurs, et envers nous-mêmes qu'il a bien servis par son engagement politique.

L'homme a construit sa vie comme on harnache les rivières pour en empêcher les débordements mais aussi pour en capter toute l'énergie. Il est comme un grand fleuve volontairement dompté.

Il ne nous a pas livré tous ses secrets. Mais il en a dit assez pour nous faire comprendre qu'il a choisi d'être maître de ses choix, de sa vie.

Claude Castonguay, un homme libre.

Pierre Maisonneuve

Table des matières

Aussi disponibles dans la collection

Les grandes entrevues

Pierre Maisonneuve:

René Dupéré, 1998.
Jean-Claude Turcotte, 1998.
Denise Bombardier, 1998.